总第79辑（2021.3）

中国审判指导丛书

执行工作指导

最高人民法院执行局 编

人民法院出版社

图书在版编目（CIP）数据

执行工作指导. 总第79辑 / 最高人民法院执行局编
. --北京：人民法院出版社，2022.10
（中国审判指导丛书）
ISBN 978-7-5109-3539-8

Ⅰ.①执… Ⅱ.①最… Ⅲ.①法院－执行（法律）－中国 Ⅳ.①D926.2

中国版本图书馆CIP数据核字（2022）第120031号

执行工作指导 2021年第3辑（总第79辑）
最高人民法院执行局 编

策划编辑 兰丽专
责任编辑 丁塞峨
出版发行 人民法院出版社
地　　址 北京市东城区东交民巷27号（100745）
电　　话 （010）67550656（责任编辑） 67550558（发行部查询）
65223677（读者服务部）
网　　址 http://www.courtbook.com.cn
E - mail courtpress@sohu.com
印　　刷 三河市国英印务有限公司
经　　销 新华书店

开　　本 787毫米×1092毫米 1/16
字　　数 181千字
印　　张 11.5
版　　次 2022年10月第1版 2022年10月第1次印刷
书　　号 ISBN 978-7-5109-3539-8
定　　价 68.00元

投稿电子信箱　zhixingcankao@ sina. com

《执行工作指导》
特约编辑

《执行工作指导》
特约通讯员

目　录

【司法解释理解与适用】

《最高人民法院关于人民法院强制执行股权若干问题的规定》的理解与适用

何东宁* 邵长茂** 刘海伟*** 王 赫****

为了正确处理人民法院强制执行股权中的有关问题，维护当事人、利害关系人的合法权益，2021 年 11 月 15 日，最高人民法院审判委员会第 1850 次会议审议通过了《最高人民法院关于人民法院强制执行股权若干问题的规定》（以下简称《规定》），自 2022 年 1 月 1 日起施行。本文就《规定》的起草背景、基本原则及主要内容进行说明，便于实践中准确理解和适用。

一、《规定》的起草背景

随着我国经济社会发展和公司法律制度日益完善，利用股权进行投资越来越受到青睐，股权已经成为人们一项重要的财产权利。实践中，人民法院强制执行被执行人股权的情况也愈发多见。但由于有关强制执行股权的法律和司法解释规定非常少，存在许多规则空白，加上强制执

* 最高人民法院执行局副局长。
** 最高人民法院执行局综合办公室主任。
*** 最高人民法院执行局综合办公室副主任。
**** 北京市高级人民法院执行局法官助理。

行股权与公司法等实体法律规定交织在一起，与强制执行房产、车辆等其他财产相比，其专业性更强，法律关系也更复杂，执行人员往往对其望而却步。

执行实践中，人民法院强制执行股权的难点和争议点主要包括四个方面：

一是冻结规则不明确。根据民事强制执行理论，人民法院在执行程序中查封被执行人财产时，通常会遵循“权利外观”判断权属，即根据某种易于观察、又与真实权利状态高概率一致的事实去判断执行标的权属，以便满足执行程序的效率要求。一般来讲，动产以占有为权利外观，不动产以登记为权利外观，其权属较为容易判断。只要动产为被执行人占有，或者不动产登记在被执行人名下，人民法院即可以查封。但是，从公司法等法律规定看，股权的权利外观比较多元，包括股东名册、公司章程、公司登记机关登记信息以及国家企业信用信息公示系统公示信息等，以何种权利外观冻结股权，实践中争议较大。同时，由于股权的登记一般包括内部登记（公司股东名册或者公司章程记载）和外部登记（公司登记机关登记），相应地，人民法院在冻结股权时应当向公司还是公司登记机关送达冻结手续，或者两者都要送达。不同法院向不同协助单位送达冻结手续时，如何确定冻结先后顺序。对这些问题，由于缺乏明确的法律规定，实践中做法不一，争议较大。

二是评估难。强制执行股权难，最难在评估。股权与房产等不同，其没有为大家熟悉的市场行情价或者政府指导价，股权的价值取决于公司的经营状况和发展前景，通过当事人议价、定向询价、网络询价基本不可能确定其处置参考价，一般需要专业评估机构进行评估。但与房产评估相比，股权评估所需的材料更多，往往需要股权所在公司和被执行人的密切配合。实践中，或者由于公司和被执行股东拒不配合，或者公司本身缺乏评估所需的有关材料，导致实践中大量被冻结股权因缺乏相关材料而无法出具评估报告。

三是拍卖难。根据有关网络司法拍卖的规定，网络司法拍卖应当确定保留价，拍卖保留价即为起拍价，起拍价由人民法院参照评估价确定。如前所述，实践中大量股权因缺乏相关材料无法出具评估报告，导致无法确定起拍价并进行拍卖。但是，股权作为被执行人的责任财产，不能仅因为无法出具评估报告就不执行该股权，否则会形成反向激励。另外，在公司注册资本认缴制下，对于未届出资期限的股权能否强制变价；变价后，后续出资义务应该由谁来承担。对于法律、行政法规、部门规章等限制自行转让的股权，人民法院能否强制变价。对于变更登记需要行政审批的股权，应该如何协调强制执行程序与行政审批之间的关系。这些问题也亟待明确。

四是反规避执行难。股权被冻结后，有些被执行人为规避执行，会与其他股东恶意串通或者利用其对公司的控制地位，恶意贬损被冻结股权价值。比如，将公司名下仅有的土地使用权、机器设备低价转让，使公司成为空壳，或者通过增资扩股的方式，使被冻结股权比例大幅降低，损害被冻结股权的控制利益，等等。实践中，类似的案例已比较多见，但在现行的法律规则下，人民法院并无有效的反制措施。

二、《规定》的起草过程

鉴于强制执行股权存在的上述诸多问题，最高人民法院将其列为司法解释制定计划，由执行局负责起草。执行局相关同志在各地调研的基础上形成《规定》初稿，然后召集北京、上海、浙江、江苏、重庆等地法院的业务骨干反复讨论修改；邀请扈纪华、王亚新、肖建国、谭秋桂等程序法专家以及甘培忠、叶林、邓峰、李建伟、张双根等实体法专家进行研究论证；与北京大学法学院联合举办了“股权执行司法解释逐条讨论会”，来自市场监管总局、银保监会、部分高校的实务工作者和专家学者提出了许多宝贵意见。中国行为法学会执行专业委员会还就股权执行问题专门召开研讨会,① 对其中的重点条文进行研讨。同时，还向市场监管总局、银保监会、国资委、资产评估协会以及最高人民法院相关业务部门、各地法院执行局书面征求意见，并多次征求全国人大常委会法工委的意见。自 2019 年开始，最高人民法院执行局牵头起草《民事强制执行法（草案）》，强制执行股权是其中的一项重要内容。为确保《规定》与《民事强制执行法（草案）》相协调，在此期间，暂时中止了《规定》起草工作。此后，随着《民事强制执行法（草案）》起草工作接近尾声，就执行股权问题也已基本达成共识，所以根据前期的征求意见情况和《民事强制执行法（草案）》讨论的情况，又反复打磨修改，形成《规定》送审稿，并提交最高人民法院审判委员会讨论通过。

三、《规定》的基本原则

《规定》的起草，始终坚持以习近平新时代中国特色社会主义思想为指导，深入学习贯彻习近平法治思想，依照强制执行法律规定和理论，遵循公司法律制度和精神，紧扣执行工作实际，就实践中的难点、争议点问题提出应对解决方案，努力确保《规定》实用、好用、管用。在具体起草过程中，遵循了以下原则：

一是严格依照法律规定，切实符合司法规律。强制执行被执行人的股权，不仅涉及有关强制执行程序的法律规定，符合强制执行的司法规律，确保依法高效实现申请执行人债权。同时，也要遵循公司法等相关法律规定和精神，对于一些金融、证券、保险等领域的公司，对其股权的强制执行还需要与银行法、证券法、保险法等法律规定保持协调。

二是坚持问题导向，注重解决实践中的突出问题。为做好与其他司

① 讨论情况可参见中国法学会商法学研究会、中国行为法学会执行行为研究会、北京市高级人民法院执行局共同主办的“股权强制执行理论与实务问题研讨会”，载微信公众号“赫法通言”，网址：https：//mp. weixin. qq. com/s？ src = 11&timestamp = 1648093248&ver = 3695&signature = kWu * IB9OUA7r6E * dT - WDZqfv5hxQS8J1wv3tIMiRB * xfNE4RlXbwFYWhOuEfs7jAzZZIzF17UiTJxuoBg4HN5qn0gLzg7uN3Ol5lknFOSWfTBBbI6aUO8hqun6 * Hy1HC&new = 1，最后访问时间：2022 年 4 月 15 日。

法解释的衔接配合，《规定》并未追求“大而全”，将有关执行股权的规则全部囊括在内，而是坚持以问题为导向，对执行股权实践中的热点、难点和争议点问题进行梳理，并有针对性地提出司法解决方案。人民法院在强制执行股权过程中，对于《规定》未规定的，仍应适用其他有关司法解释的规定。

三是注重价值平衡，依法公正保护双方当事人合法权益。执行工作是依靠国家强制力实现胜诉裁判的重要手段，对双方当事人权益影响重大。人民法院在强制执行股权过程中，一方面，要加大执行力度，依法对被执行人的股权采取冻结、变价措施，保障申请执行人债权；另一方面，也要最大限度降低对被执行人的不利影响，更不得违法损害被执行人合法权益。为此，《规定》明确，人民法院可以对作为被执行人责任财产的股权进行冻结和变价。同时，在执行过程中，也要秉持公正善意文明执行理念，不得明显超标的额冻结和处置被执行人股权，在符合一定条件的情况下也可以允许被执行人自行变价股权。

四是依法保护企业产权，最大限度降低执行措施对公司正常经营的影响。强制执行股权不仅与申请执行人和被执行人的利益攸关，而且不可避免的会对股权所在公司造成影响。如何保障申请执行人债权和最大限度降低对股权所在公司的影响，一直是《规定》起草过程中重点考量的问题之一。一方面，持续加大执行力度，依法高效实现胜诉当事人债权，是当前和今后一个时期人民法院执行工作的主线。① 股权作为被执行人的责任财产，人民法院有权对其采取执行措施，股权所在公司也应当积极协助和配合人民法院，包括对股权的冻结、评估、变价以及交付等各项工作。对于拒不配合，尤其是恶意串通帮助被执行人规避执行的，将依法严肃处理。另一方面，人民法院在强制执行股权过程中，也要尽最大可能降低对公司经营的影响。例如，《规定》在第 2 条即开宗明义指出，强制执行被执行人在公司股权的，不得直接执行公司的财产。第 8

① 参见《最高人民法院关于在执行工作中进一步强化善意文明执行理念的意见》。

条设计的“事先报告”和“事后救济”规则，在努力防范被冻结股权价值被恶意贬损的同时，也对公司的正常经营行为保持了最大的司法克制。《规定》第 15 条规定，变更股权登记需要相关部门审批的，买受人竞得股权后，只有在取得审批手续的情况下，人民法院才会为其出具成交裁定，以防止不符合条件的股东进入公司而给公司后续经营造成不利影响，等等。

四、《规定》的主要内容

《规定》共 19 条，主要包括五大方面的内容。

（一）《规定》的适用范围

1.《规定》所称股权的范围

根据公司法的规定，我国的公司可以分为有限责任公司和股份有限公司。股份有限公司又可分为上市公司和非上市股份公司。从强制执行的角度看，有限责任公司股权和非上市且未在新三板交易的股份有限公司股份虽有差别，但对其冻结、变价的规则基本相同。与之相对，上市公司股份因具有专门的登记和交易场所，市场价格亦比较透明，冻结、变价等规则与前两者截然不同。在新三板交易的股份有限公司股份则介于有限责任公司股权和上市公司股份之间，对其的冻结、变价规则与上市公司股份类似。考虑不同公司类型的股权在执行规则上的差异，《规定》第 1 条明确本规定所称股权，包括有限责任公司股权、股份有限公司股份，但是在依法设立的证券交易所上市交易以及在国务院批准的其他全国性证券交易场所交易的股份有限公司股份除外。就目前来看，“国务院批准的其他全国性证券交易场所”仅包括“全国中小企业股份转让系统”（俗称“新三板”）。

2. 其他投资权益的参照适用

《规定》第 18 条规定，人民法院对被执行人在其他营利法人享有的投资权益强制执行的，参照适用本规定。依照民法典的规定，营利法人是以取得利润并分配给股东等出资人为目的成立的法人，包括有限责任公司、股份有限公司和其他企业法人等。公司是营利法人的一种，所以对被执行人在其他营利法人享有的投资权益的执行，可以参照适用《规定》。

3. 保全执行是否适用《规定》

就人民法院查封、扣押、冻结行为来讲，保全执行与终局执行没有本质区别，所以在财产保全过程中对被保全人的股权进行冻结的，当然也要适用《规定》。

（二）股权冻结的方法及效力

关于股权的冻结方法和效力等问题，司法实践一直存在争议。为解决上述争议，《规定》第4条至第9条作了较为系统的规定。

1. 冻结时的权属判断规则

《最高人民法院关于人民法院民事执行中查封、扣押、冻结财产的规定》第2条第1款规定，人民法院可以查封、扣押、冻结被执行人占有的动产、登记在被执行人名下的不动产、特定动产及其他财产权。股权作为财产权的一种，原则上应当适用上述规则。但根据公司法的有关规定，无论有限责任公司还是股份公司的股权，均不采用登记生效主义，股东可以依据股东名册、公司章程或者股票等行使股东权利。[①] 换言之，在公司登记机关的登记之外，还存在其他可以用来判断股权权属的书面材料。为此，《规定》第4条规定，对股权所在公司的章程和股东名册等资料、公司登记机关的登记及备案信息、国家企业信用信息公示系统的公示信息等资料或者信息之一载明属于被执行人的股权，人民法院均可以进行冻结。同时，案外人对冻结的股权主张排除执行的实体权利的，人民法院应当依照民事诉讼法第227条（2021年修正的民事诉讼法第234条）的规定进行审查。

① 公司法第32条第2款、第102条第4款。

2. 股权冻结的方法

如前所述，在强制执行股权过程中，冻结程序规则不清晰一直是个“老大难”问题。2014 年，最高人民法院与原国家工商总局联合出台的《关于加强信息合作规范执行与协助执行的通知》第 11 条规定，人民法院冻结股权时，应当向股权所在公司送达冻结裁定，并要求工商机关协助公示。虽然该规定的初衷是好的，但在实践中却产生了诸多争议。比如，人民法院仅向公司登记机关送达冻结手续的，或者仅向公司送达冻结手续的，该冻结是否生效？[①] 再如，在两家法院均冻结同一股权的情况下，有的法院只向公司登记机关送达了冻结手续，有的法院却只向公司送达了冻结手续，哪家法院的冻结为在先冻结？或者，虽然两家法院均向公司登记机关和公司送达了冻结手续，但由于有的法院在先向公司登记机关送达，有的法院在先向公司送达，在这种情况下，哪家法院的冻结为在先冻结，也存在很大争议。[②] 为此，《规定》第 6 条明确冻结股权的，应当向公司登记机关送达裁定书和协助执行通知书，由公司登记机关在国家企业信用信息公示系统进行公示，股权冻结自在公示系统公示时发生法律效力。多个人民法院冻结同一股权的，以在公示系统先办理公示的为在先冻结。这就有效解决了实践中的各类争议。根据该条规定，公司在为其股东办理股权变更手续时，应当提前到公示系统查询该股东的股权是否已被人民法院冻结，如已经冻结不得为其办理；市场主体在购买股权时，不仅要到公示系统查询该股权是否已被质押，也要查询该股权是否已被人民法院冻结，否则将会有“钱财两空”的不利风险。同时，根据《规定》第 6 条第 2 款的规定，人民法院也要将冻结股权的情况及时书面通知股权所在公司。

《规定》起草过程中，有观点认为，按照公司法的相关规定，股权所在公司掌握着股权权属变动的节点，尤其对于股份有限公司而言，公司

① 参见最高人民法院（2020）最高法执复 60 号执行裁定书。

② 参见最高人民法院（2020）最高法执监 2 号执行裁定书。

登记机关并不登记非发起人股东的信息,[①] 向公司送达冻结手续，才能最先实现对股权的控制，所以应该将向公司送达冻结手续作为股权冻结的方法。经研究，我们认为，由于国家企业信用信息公示系统良好的公示性能和广泛的社会认可度，股权冻结情况在该系统公示后，股权所在公司不仅能够及时知晓，而且对于可能购买股权的不特定第三人来讲，也可以通过该系统适时查询拟购股权是否被法院冻结。在多个法院冻结同一股权的情况下，各个法院的冻结顺位在系统中也一目了然，能够有效杜绝目前实践中的各类争议，并且在公示系统公示后，冻结即产生法律效力，被执行人就被冻结股权所作的转让、出质等有碍执行行为，并不能对抗人民法院的冻结措施。因此，在公示系统公示，也能够起到所谓“控制”股权的目的。

3. 股权冻结的效力

《最高人民法院关于人民法院民事执行中查封、扣押、冻结财产的规定》第 24 条第 1 款规定，被执行人就已经查封、扣押、冻结的财产所作的移转、设定权利负担或者其他有碍执行的行为，不得对抗申请执行人。该款明确了我国查封、扣押、冻结措施采用相对效规则。即人民法院查封、扣押、冻结的财产，被执行人并未丧失处分权，依然可以转让该财产或者用该财产设定权利负担进行融资。[②] 如转让款或者融资款清偿了执行债权，则人民法院应当解除查封、扣押、冻结措施。如未能清偿执行债权，由于查封、扣押、冻结措施之前已经进行了公示，受让人知道或者应当知道该财产上存在执行措施，故即便该财产已经转让到受让人名下，对于申请执行人而言依然属于被执行人的财产，人民法院可以进行处置变价。变价后，清偿执行债权仍有剩余的，则退还受让人。《规定》第 7 条的规定，是上述规则在强制执行股权程序中的体现。

---

① 《中华人民共和国公司登记管理条例》第 9 条。

② 参见张静：《论处分查封之物的法律效力》，载《交大法学》2022 年第 2 期；张尧：《以民事司法查封财产设定抵押的效力分析》，载《法学家》2022 年第 1 期。

4. 冻结股权后，是否影响公司增资、减资、合并、分立等

对此，此前实践中存在不同观点。一方面，股权所在公司增资、减资、合并、分立，常常会影响冻结股权的价值。在生效法律文书确定的执行标的就是股权的情况下，增资、减资等引起的股权比例变化更是对申请执行人具有直接影响；① 另一方面，如果冻结股权后，一律对股权所在公司的上述行为予以限制，又会对公司的经营活动造成较大干扰。② 为此，《规定》第 8 条确立了以下规则：第一，冻结股权并不当然限制股权所在公司实施增资、减资、合并、分立等行为；第二，人民法院可以根据案件具体情况，决定是否向股权所在公司送达协助执行通知书，要求其在实施增资、减资、合并、分立等行为前向人民法院报告有关情况；第三，人民法院收到报告后，并不进行审查，但除涉及国家秘密或者商业秘密外应当及时通知申请执行人，以便申请执行人根据具体情况，决定是否要提起损害赔偿之诉或者代位提起确认决议无效、撤销决议等诉讼；第四，股权所在公司接到协助执行通知书后，不履行报告义务的，人民法院可以依法追究其法律责任。这种“事先报告”结合“事后救济”的规则设计，既可以满足公司的正常经营需求，也为人民法院制裁不法行为和申请执行人寻求救济提供了制度支持。

5. 冻结股权的效力是否自动及于股息、红利等收益

《最高人民法院关于冻结、拍卖上市公司国有股和社会法人股若干问题的规定》第 7 条第 2 款规定，股权冻结的效力及于股权产生的股息以及红利、红股等孳息，此为有关冻结上市公司股权的规定。《规定》起草过程中，多数意见认为，股息、红利等收益属于股东对股权所在公司享有的债权，冻结股权并不当然及于收益。③ 对收益的执行，应当按照债权

---

① 参见张元：《论股权冻结对有限责任公司增资扩股权利的限制》，载《执行工作指导》2014 年第 1 辑。

② 参见刘君博：《从“查封”到“诉讼”：无形财产执行的制度逻辑与立法选择》，载《华东政法大学学报》2021 年第 2 期。

③ 《最高人民法院关于人民法院民事执行中查封、扣押、冻结财产的规定》第 20 条。

执行的规则处理。① 因此，《规定》第 9 条明确规定，人民法院冻结被执行人基于股权享有的股息、红利等收益的，应当向股权所在公司送达冻结裁定；股息、红利等收益到期的，可以书面通知股权所在公司向申请执行人或者人民法院履行。

（三）股权的评估、变价程序

1. 股权自行变价程序

相比强制变价，被执行人自行变价财产，具有避免争议、减少争议等优点。《最高人民法院关于人民法院执行工作若干问题的规定（试行）》第 33 条、《最高人民法院关于在执行工作中进一步强化善意文明执行理念的意见》第 9 条此前已对被执行人自行变价财产问题进行了规范。《规定》第 10 条在上述规范的基础上，坚持贯彻善意文明执行理念，明确了被执行人自行变价股权的两种情形：一是申请执行人以及其他已知的执行债权人同意；二是变价款足以清偿执行债务。所谓“已知的执行债权人”，包括已经向执行法院申请参与分配股权变价款和轮候冻结该股权的债权人。符合前述情形的，被执行人可以向人民法院提出申请，由人民法院根据案件情况决定是否准许。为防止被执行人通过自行变价程序拖延执行或者转移变价款，人民法院准许被执行人自行变价的，应当严格控制变价款并要求其在指定期限内完成。这个“指定期限”由人民法院根据具体情况酌定，但最长不得超过 3 个月。在该期限内未能自行变价的，人民法院要及时强制变价。

---

① 《最高人民法院关于人民法院执行工作若干问题的规定（试行）》（2020 年修正）第 36 条虽然使用了“提取”的表述，但近年来，最高人民法院已在多个案例中对收入的范围从正反两方面进行了阐释。一方面，收入被界定为“公民基于劳务等非经营性原因所得和应得的财物，主要包括个人的工资、奖金、劳务报酬等”[（2016）最高法执监 354 号、（2017）最高法执监 215 号]；另一方面，工程款 [（2016）最高法执监 25 号、（2016）最高法执监 286 号、（2017）最高法执监 215 号、（2020）最高法执监 28 号]、租金债权 [（2018）最高法执监 664 号、（2018）最高法执监 487 号]、资产转让款 [（2016）最高法执监 354 号]、合作办学收益 [（2015）执申字第 46 号] 则明确被认定属于到期债权，而非收入。因此，对于股息、红利亦应作为债权而非收入执行。

2. 股权处置参考价和起拍价的确定

处置参考价难以确定一直是司法实践中影响股权变价的主要障碍。[①]为解决该问题，《规定》第11条、第12条从以下几个方面进行了规定。第一，人民法院应当依照《最高人民法院关于人民法院确定财产处置参考价若干问题的规定》的有关规定确定股权处置参考价，并参照参考价确定起拍价。第二，确定处置参考价时，需要相关材料的，人民法院可以向公司登记机关、税务机关等部门调取，也可以责令被执行人、股权所在公司以及控制相关材料的主体提供。相关主体拒不提供的，不仅可以强制提取，而且还可以依照民事诉讼法追究其法律责任。第三，为确保评估机构准确评估公司价值进而准确评估股权价值，经当事人书面申请，人民法院可以委托审计机构对股权所在公司进行审计。第四，通过委托评估方式确定股权处置参考价的，如果评估机构因为缺少相关材料无法进行评估或者认为影响评估结果，被执行人未能提供且人民法院也无法调取补充材料的，人民法院应当通知评估机构根据现有材料进行评估，同时告知当事人因缺少材料可能产生的处置参考价偏离股权真实价值乃至适用"无底价拍卖"的不利后果。第五，评估机构根据现有材料出具了评估报告的，则参照该评估价确定起拍价；评估机构根据现有材料无法出具评估报告的，经申请执行人书面申请，人民法院可以结合案件具体情况和股权实际情况进行"无底价拍卖"，但确定的起拍价要适当高于执行费用，以避免发生"无益拍卖"的情形。

适用"无底价拍卖"需要注意的是：第一，人民法院要严格依照《规定》第11条、第12条规定的程序调取或者责令有关主体提供评估所需有关材料，尽可能促成评估机构出具评估报告，不得任意适用"无底价拍卖"；第二，"评估机构根据现有材料无法出具评估报告"是指委托的三家评估机构均无法出具评估报告；第三，虽然三家评估机构均无法出具评估报告，但能够通过其他方式确定参考价的（如双方当事人达成

① 参见伍俊鹏：《强制执行阶段拍卖、变卖的股权定价问题》，载《法制博览》2021年第16期。

议价一致意见)，则参照该参考价确定起拍价；第四，对评估机构无法出具评估报告的，并非一律适用“无底价拍卖”，而要由人民法院根据具体情况来确定是否适用；第五，为避免浪费司法资源，防止扰乱市场秩序，依照《规定》第 12 条第 2 款的规定，对于公司经营严重异常，股权明显没有价值的，比如一些“空壳公司”的股权，则不能适用“无底价拍卖”。

(四) 股权拍卖的几类特殊情形

1. 整体拍卖与分割拍卖股权

不得超标的处置被执行人的财产是执行程序中的一项重要规则。《最高人民法院关于人民法院民事执行中拍卖、变卖财产的规定》(以下简称《拍卖、变卖规定》)第 14 条规定，拍卖多项财产时，其中部分财产卖得的价款足以清偿债务和支付被执行人应当负担的费用的，对剩余的财产应当停止拍卖，但被执行人同意全部拍卖的除外。《规定》第 13 条第 2 款在此基础上进行了细化，明确在拍卖股权前，依据处置参考价并结合具体情况计算，拍卖被冻结股权所得价款可能明显高于债权额及执行费用的，应当对相应部分的股权进行拍卖，以避免超标的拍卖股权损害被执行人合法权益。此处的“结合具体情况”主要是指人民法院在拍卖前要根据公司经营状况、股价市场行情、拍卖溢价降价情况，以及分割拍卖与整体拍卖对股权价额的影响等因素综合考虑。同时，由于股权转让可能存在“控制权溢价”，如果对相应部分的股权拍卖严重减损被冻结股权价值，被执行人书面申请人民法院对全部被冻结股权进行拍卖的，人民法院也可以一并拍卖。

2. 瑕疵出资、未届出资期限股权的拍卖

对于被执行人瑕疵出资或者未届出资期限的股权，因其仍然具有价值，所以人民法院可以对其采取强制拍卖措施。对此，《规定》第 14 条第 1 款予以明确。问题在于，对于前述股权强制拍卖后，后续出资义务应该如何承担？为最大限度降低强制执行股权对公司、公司其他股东和公司债权人权益的影响，严格遵循有关公司法律制度，《规定》第 14 条第 2 款规定，前述股权处置后，相关主体依照有关规定履行出资义务。此处的“有关规定”，对于瑕疵出资的股权，主要是指《最高人民法院关于适用〈中华人民共和国公司法〉若干问题的规定（三）》第 18 条的规定。对于未届出资期限的股权，股权转让后，后续出资义务应该如何承担，现行法律、司法解释并未明确规定，实践中存在很大争议。[①]《规定》起草过程中，有观点认为，人民法院强制执行此类股权时，原股东的出资义务尚未届期，股权被强制转让后，原股东不应再承担后续出资义务。也有观点认为，出资义务是股东对公司、其他股东的恒定义务，无论该出资义务是否已届期，都不因股权转让而消除，原股东仍应承担出资义务。还有观点认为，这一问题比较复杂，不宜在有关强制执行股权的司法解释中规定，而应该留待公司法及其司法解释予以明确，在《规定》中只要明确依照“有关规定”处理即可。《规定》最终采纳了最后一种意见。事实上，对于上述问题，公司法（修订草案）在第 89 条作出以下规定：“股东转让已认缴出资但未届缴资期限的股权的，由受让人承担缴纳该出资的义务。股东未按期足额缴纳出资或者作为出资的非货币财产的实际价额显著低于所认缴的出资额，即转让股权的，受让人知道或者应当知道存在上述情形的，在出资不足的范围内与该股东承担连带责任。”

3. 自行转让受限的股权的拍卖

依照公司法第 141 条的规定，股份有限公司发起人及董事、监事、高级管理人员持有的股权，在特定期限或特定比例内应当限制转让。该规定的立法目的在于防止前述人员投机牟利，损害其他股东利益。但是，在前述人员对外负有债务，人民法院为保护债权人利益，将前述人员持有的股权强制变价清偿债务的，不存在投机牟利问题，并不违反公司法

① 参见刘敏：《论未实缴出资股权转让后的出资责任》，载《法商研究》2019 年第 6 期；王建文：《再论股东未届期出资义务的履行》，载《法学》2017 年第 9 期。

的立法目的。[1] 相应地，公司章程、股东协议对股权转让所作的限制，是公司股东之间的内部约定，同样也不能对抗人民法院的强制执行。基于上述考虑，《规定》第14条第1款第3项、第4项明确对于前述股权，人民法院可以强制拍卖。当然，为尽可能降低强制处置股权对公司和其他股东的影响，买受人竞得股权后仍应当继续遵守有关限制股权转让的法律规定或者约定。

4. 前置审批类股权的拍卖

根据证券法、保险法、商业银行法、企业国有资产法等法律规定，证券公司、保险公司、商业银行、国有企业等转让一定比例的股权前需经相关部门审批。人民法院对这类股权进行拍卖的，竞买人也应当符合相应的资格或条件。问题在于，应该要求竞买人在参与竞拍前即获得审批，还是可以在竞买成功后再获得审批？如果是后者，竞买人在竞买成功后未获审批的，应该如何处理？在起草过程中主要有两种观点：一种观点认为，在拍卖前人民法院只要明示竞买人应有相应资格和条件即可，竞买人在竞买成功后自行办理审批手续。获得审批的，人民法院出具成交裁定书；未获审批的，人民法院对股权重新进行拍卖。此种方式的优势在于，可以提高拍卖效率，确保充分竞价，最大限度实现股权价值。劣势在于，此种方案会出现竞买人在竞买成功后因无法获得审批而导致重新拍卖的问题。另一种观点认为，只有获得相关部门审批的竞买人才可以参加竞买，此种方式的优势在于，能够确保竞买成功的竞买人已获得审批资格，尽可能避免重新拍卖情形的出现。劣势在于：一是在竞买前即限定竞买人的资格，合理性存疑，且会导致股权拍卖竞价不充分，可能会存在暗箱操作；二是由审批部门对所有竞买人的资格进行审核，实际操作上并不可行，征求意见时，相关部门也提出这样的意见；三是即使在竞买前已获得审批，在竞买成功后办理变更登记时，也可能会因

① 参见《最高人民法院执行工作办公室关于执行股份有限公司发起人股份问题的复函》〔2000〕执他字第1号。

种种原因出现不能办理变更登记的情形。基于上述考虑，《规定》第15条最终采纳了第一种观点。

另外，根据《规定》第15条第3款，对于买受人明知不符合竞买资格或者条件依然参加竞买，且在成交后未能在合理期限内取得相关部门股权变更批准手续的，要参照悔拍处理，交纳的保证金不予退还。如果保证金不足以支付拍卖费用损失和两次拍卖差价的，是否需要原买受人补交？依照《拍卖、变卖规定》第22条的规定，人民法院是可以责令买受人补交的。由于《拍卖、变卖规定》对此问题已有规定，所以之后出台的《最高人民法院关于人民法院网络司法拍卖若干问题的规定》第24条对此问题未再规定，由此在实践中产生了误解和争议。有人据此认为保证金不足以支付费用损失和两次拍卖差价的，无须原买受人补交。① 对此，《规定》第15条第3款再次明确，保证金不足以支付的，可以裁定原买受人补交；拒不补交的，强制执行，以重申最高人民法院对于悔拍保证金问题一贯的态度。

（五）股权作为诉争标的物时的执行规则

1. 因公司增资或者减资导致被执行人实际持股比例降低或者升高时应该如何交付股权

《规定》第16条区分两种情形作出规定：一是对于生效法律文书明确要交付一定数量出资额的，此种情形比较容易处理，人民法院按照生效法律文书确定的出资额交付即可。二是对于生效法律文书仅明确要交付一定比例的股权，公司在生效法律文书作出后增资或减资的，会对被执行人的持股比例产生影响，相应的也会对应当交付的股权比例产生影响。为此，《规定》第16条明确，应当按照生效法律文书作出时该比例

① 夏从杰：《网络司法拍卖中保证金之适用——以不足弥补重拍差价为例》，载微信公众号“赫法通言”，网址：https://mp.weixin.qq.com/s?src=3&timestamp=1648093547&ver=1&signature=XgpsRmDOfZuqFlMNs4V-brMQzWWitj3kciQMg-yDxEfe7JZ0*LbeylxzNdS-RLwq6ggT4QxfuGWZe79CUo-r4LbSM-UwIXOg7pZG*icLLHfBHhpGmk0gS4bxr4XohEIx-6viNjM2Y4YzPlwnOAKYAIEHuqKfoArcLJC2I0B5vQQ=，最后访问时间：2022年3月21日。

所对应出资额占当前公司注册资本总额的比例交付股权。也即，在此情况下，应当通过对生效法律文书的解释，来探究其本意，以保障各方当事人的合法权益。需要注意的是，如果人民法院在保全或者执行过程中已经冻结诉争股权并要求公司在增资、减资前向人民法院报告，公司未报告即增资、减资的，人民法院可依照《规定》第8条对公司进行处罚，申请执行人认为利益受损的，也可依照该条依法提起诉讼追究公司及相关责任人的法律责任。

2. 股东资格确认判决的执行

为解决司法实践中，股东资格确认判决因无给付内容而无法申请人民法院强制变更登记的问题，《规定》第17条第1款明确规定，在审理股东资格确认纠纷案件中，当事人提出要求公司签发出资证明书、记载于股东名册并办理公司登记机关登记的诉讼请求且其主张成立的，人民法院应当予以支持；当事人未提出前述诉讼请求的，可以根据案件具体情况向其释明，以确保其主张成立时，判决能够体现此项给付内容。同时，《规定》第17条第2款重申，生效法律文书仅确认股权属于当事人所有的，因该文书缺乏给付内容，向人民法院申请强制执行的不予受理，但当事人可以持该生效法律文书自行向公司、公司登记机关申请办理股权变更手续。

【最高人民法院案例与解析】

债务人受让执行债权的抵销审查

——上诉人陈某玲、陈某峰、福建省丰泉环保集团有限公司与被上诉人黄某民间借贷纠纷案

何 君* 高 玥** 岳东冉***

【裁判要旨】

当债权人同时为多起执行案件的被执行人且资产状况陷入困难时，债务人以受让某一申请执行人对债权人享有的执行债权而主张抵销的，人民法院应采取审慎的态度审查抵销主张是否成立。在实质审查过程中，既要保护善意抵销权，也要确保债权的公平受偿，防止主动债权变相获得优先受偿，损害其他债权人的合法权益。

一、基本案情

原告：黄某。

被告：陈某玲、陈某峰、福建省丰泉环保集团有限公司（以下简称丰泉公司）。

---

* 最高人民法院赔偿委员会办公室员额法官。

** 最高人民法院第三巡回法庭法官助理。

*** 清华大学法学院硕士研究生。

2013年6月23日，借款人陈某玲与黄某结算确认，截至2013年6月23日，累计结欠黄某借款3500万元，月利率3.5%，利息每月22日前支付。担保人丰泉公司、陈某峰自愿为借款人的上述借款提供连带责任担保。因陈某玲、陈某峰、丰泉公司均未履行还款义务，黄某遂起诉请求陈某玲归还本金3500万元及利息，并支付为实现债权而支出的代理费15万元；陈某峰、丰泉公司承担连带偿还责任。

案外人吴某忠与黄某夫妻的民间借贷纠纷案的生效判决确认黄某夫妻应返还吴某忠借款4100万元及相应利息。2016年10月11日，吴某忠就上述案件申请执行，但由于黄某夫妻无实际可执行之财产，执行法院予以终结执行。除上述黄某夫妻与吴某忠执行案件外，黄某为其他多起执行案件中的被执行人，且因黄某无可供执行财产，已被法院纳入失信被执行人名单。

2018年5月22日，吴某忠与陈某玲签订《债权转让确认书》，约定吴某忠将其对黄某享有的4100万元债权本金及利息转让给陈某玲，黄某夫妻于2018年5月25日收到吴某忠发送的《债权转让通知书》。陈某玲于2018年8月21日（一审诉讼程序中）主张以其从案外人吴某忠处受让的执行债权抵销其对黄某的债务。

二、一审法院审查情况

福建省高级人民法院一审经审理认为：案涉借款系合同双方的真实意思表示，除因双方约定的利率超过年利率36%，超过部分的利息约定无效外，合同其它内容未违反法律法规禁止性规定，应认定合法有效。被告陈某玲未能按照法律规定和合同约定支付利息，应承担违约责任。被告陈某峰、丰泉公司应在担保范围内承担连带保证责任。因黄某与案外人吴某忠之间的债权债务关系与本案不属于同一法律关系，且黄某不同意将其与案外人吴某忠之间的债务与被告所欠债务抵销，因此被告陈某玲主张以其受让案外人的债权抵销本案债务，不予支持。据此，一审法院作出（2016）闽民初 106 号民事判决：（1）陈某玲应于判决生效之日起 10 日内向黄某偿还借款本金 32071232.18 元及利息；并支付律师代理费 7 万元；（2）陈某峰、丰泉公司应对上述债务承担连带偿还责任，陈某峰、丰泉公司承担担保责任后，有权向陈某玲追偿。

三、二审法院审查情况

宣判后，陈某玲、陈某峰、丰泉公司不服一审判决，提起上诉。其上诉称：涉案债权已被抵销，应判决驳回黄某的全部诉讼请求。案外人吴某忠与黄某之间的民间借贷纠纷案判决已经生效，且案外人吴某忠已向法院申请强制执行黄某借款本金 4100 万元及相应利息。陈某玲受让了前述案件中吴某忠对黄某的全部债权，且吴某忠已经将债权转让情况告知黄某和执行法院。债权转让已生效，故由陈某玲享有前述案件中对黄某 4100 万元及相应利息的债权，该受让债权金额远高于本案债权金额。依据合同法[①]第 99 条规定，涉案债权与陈某玲受让的债权均为到期债权，标的物均为金钱债务，且不属于法律规定或者按照合同性质不得抵销的情形，因此陈某玲有权主张债务抵销。

最高人民法院二审经审理认为：首先，陈某玲在一审中提出的债务抵销主张属于以行使抵销权的方式对黄某的债权请求权进行抗辩，也即诉讼抵销抗辩。人民法院应当予以审查处理，确定这一抗辩是否成立。其次，抵销权的行使不应损害第三人的合法权益。由于黄某已是多起执行案件的被执行人，这些案件中的债权均因黄某缺乏可供执行财产而未得到清偿，若在本案中径行准予陈某玲以受让的债权抵销债务，将导致黄某的可供执行财产的直接减损，损害其他债权人的合法权益。再次，诉讼审理程序中抵销权的行使不应与执行程序中公平分配原则相冲突。当存在诉讼审理程序中抵销权行使与执行程序参与分配相关联的情形下，抵销权的行使应受到一定限制。最后，陈某玲明知黄某作为多起案件被

① 已于 2021 年废止——编者注。

执行人缺乏可供执行财产的情形下，在本案一审庭审之后受让债权并主张抵销的行为，违反了诚实信用原则，且未能证明其诉讼抵销抗辩不会在结果上损害黄某的其他债权人合法权益。综上，陈某玲受让吴某忠对黄某享有的应通过参与分配程序实现的债权不能直接抵销。二审法院作出（2019）最高法民终218号民事判决：驳回上诉，维持原判。

四、评析意见

抵销作为重要的债权债务消灭制度，具有担保及简化债务清偿等功能，但由于诉讼抵销程序与执行参与分配程序存在相互衔接的情形，实务中对执行债权转让情形下的抵销制度存在争议。最高人民法院关于《人民法院办理执行异议和复议案件若干问题的规定》（以下简称《执行异议复议规定》）第19条对执行抵销作出了明确规定，[①] 但本案情形与之有所差异，并非被执行人提出抵销主张，而是被执行人黄某的债务人陈某玲在受让执行债权后，向被执行人提出抵销主张。因此，对于陈某玲是否有权在诉讼中提出抵销抗辩，本案涉及的抵销主张是否成立，宜从实体基础要件、程序衔接、制度目的、行为正当性等方面综合考量。

（一）对当事人的诉讼抵销主张应予审查

债务人陈某玲在一审中主张以受让的执行债权抵销其对债权人黄某所负债务，属于诉讼程序中行使抵销权，即诉讼中的抵销。一审法院以黄某与案外人吴某忠之间的债权债务关系与本案不属于同一法律关系，且债权人黄某不同意将其与案外人之间的执行债务与陈某玲所欠债务抵销为由，未审查陈某玲的抵销主张；二审法院则认为通常情况下作为被告的债务人提出诉讼抵销主张在程序上并无不当，法院应予审查。

---

① 《最高人民法院关于〈人民法院办理执行异议和复议案件若干问题的规定〉》第19条规定："当事人互负到期债务，被执行人请求抵销，请求抵销的债务符合下列情形的，除依照法律规定或者按照债务性质不得抵销的以外，人民法院应予支持：（一）已经生效的法律文书确定或者经申请执行人认可；（二）与被执行人所负债务的标的物种类、品质相同。"

从理论上讲，诉讼中的抵销具有法律行为和诉讼行为的双重性质，不仅有诉讼法上的后果，而且也产生私法上的后果。① 目前，程序法对此尚无明确规定，实践中对诉讼抵销的处理主要有三种观点。第一种观点认为，抗辩是针对请求权提出的一种防御方法，是指当事人通过主张与对方主张事实所不同的事实或法律关系，以排斥对方所主张的事实的行为。② 因此，诉讼中的抵销主张是一种抗辩而非单独的诉。第二种观点认为，诉讼中的抵销权应以反诉形式行使，被告的抵销主张具备独立的诉的要素，即抵销原告债权的诉讼请求、因抵销发生的实体法律关系的诉讼标的、主动债权与被动债权相互抵销的诉讼理由。第三种观点认为，被告对主张抵销的事实应另案起诉。反诉与另行起诉的观点均认可抵销主张是独立的诉，二者的区别主要在于对原告或被告诉讼程序利益保护的侧重点不同。尽管存在上述对诉讼抵销的不同理解，但“与程序结果有利害关系或者可能因为该结果而蒙受不利影响的人，都有权参加该程序并得到有利于自己的主张和证据以及反驳对方提出之主张和证据的机会。这就是‘正当程序’原则最基本的内容或要求，也是满足程序正义的最重要条件。”③ 允许诉讼抵销主张，正是保障当事人程序参与权与支配权的体现。从现有规范来看，2019 年《全国法院民商事审判工作会议纪要》第 43 条进一步明确了抵销权的行使方式：“抵销权既可以通知的方式行使，也可以提出抗辩或者提起反诉的方式行使。”即权利人既可以在诉讼程序外以单方意思表示的方式行使抵销权，也可以通过提起诉讼或申请仲裁（包括提出抵销抗辩）的方式行使抵销权。④ 从诉讼效益角度而言，人民法院对诉讼中的抵销一并审查，可免除个案中当事人另行起

---

① 参见［日］於保不二雄：《日本民法债权总论》，庄胜荣译，我国台湾地区五南图书出版有限公司 1998 年版。

② 杨立新：《民事裁判方法》，法律出版社 2008 年版，第 183 页。

③ ［日］谷口安平：《程序的正义与诉讼》，王亚新、刘荣军译，中国政法大学出版社 2002 年版，第 11 页。

④ 最高人民法院民事审判第二庭编著：《〈全国法院民商事审判工作会议纪要〉理解与适用》，人民法院出版社 2019 年版，第 297 页。

诉的诉累，从而降低诉讼成本，提高诉讼产出，亦有利于实现诉讼经济目标。

结合上述不同角度的观点，二审法院认为对陈某玲的诉讼抵销主张应予审查，并对一审法院不予审查的错误予以指出。

（二）诉讼中对受让执行债权的抵销主张应进行实质审查

基于抵销制度的非孤立性与法律追求公平正义的最终目标，对债务人陈某玲在诉讼中以受让执行债权的方式主张抵销的情形，判断该抵销主张是否成立，不仅需要审查抵销权的行使是否符合现有法律规定的基本要件，而且需综合考量诉讼程序与执行程序的衔接及抵销目的等相关因素。

1. 对抵销权行使基本要件的审查

合同法第99条、第100条和民法典第568条、第569条，将抵销分为法定抵销、约定抵销两种类型。法定抵销权行使的积极要件包括：存在合法债权债务，双方债权具有相互性，抵销标的物的种类、品质相同，双方债权已届清偿期；消极要件包括：依合同性质不得抵销、依当事人特别约定或法律规定不得抵销。约定抵销主要适用于债务标的物种类、品质不相同的情形。另外，与合同法规定相比，民法典进一步完善了抵销要件，将法定抵销中双方债权届期调整为主动债权届期，并明确增加了当事人对抵销的约定排除。[①] 除此之外，关于执行抵销，是指在执行程序中，申请执行人与被执行人互负债务，被执行人以执行债务请求抵销申请执行人对其所负债务，对此，理论界一直存在禁止说、允许说、限制说三种观点，[②]《最高人民法院关于人民法院办理执行异议和复议案件

---

① 《最高人民法院关于适用〈中华人民共和国合同法〉若干问题的解释（二）》第23条规定："对于依照合同法第99条的规定可以抵销的到期债权，当事人约定不得抵销的，人民法院可以认定该约定有效。"民法典第568条吸收了该规定。

② 禁止说认为执行程序应完全禁止抵销权的行使，避免阻却执行；允许说认为应全面允许当事人以法定抵销权产生执行上的抵销效果；限制说认为除满足法定抵销实体要件外，还须满足特定程序要件。

若干问题的规定》采取了限制说，即除实体法规定的抵销基本要件外，请求抵销的债务还应满足已经生效法律文书确定或者经申请执行人认可，且债务的标的物种类、品质相同。尽管本案中主张抵销债务的陈某玲并非被执行人，与上述规定第 19 条规定的抵销情形有所差异，但从本质上均属于执行程序中法定抵销权的行使问题，因此在审查债务人陈某玲的主张是否成立时，亦应对上述基础要件进行审查。

2. 对抵销担保清偿机能的厘定

抵销作为债务清偿的主要方式之一，在双方互负债务情形下，允许任何一方债务人以自己的债务与对方到期债务进行抵销，① 从而使抵销主动债权在对方到期债务范围内得以清偿，具有了事实上优先受偿的担保机能和效果，与担保物权有非常相似的地方。正是抵销的这种担保机能属性，使得抵销在债务清偿方面具有天然优势，债务人在面对债权人追索债权时行使抵销抗辩，可更为便捷的起到对等保护的作用。同时，又不能简单地将抵销等同于债的担保，债的担保有其明确的规格和构成，故抵销并不适用抵押权、质权、保证、定金等债的担保的法律规定。② 因此，抵销的担保清偿机能，核心在于当事人之间清偿的公平，而非对抗其他债权人。即抵销担保清偿目的的实现，应以确保债权平等，不损害其他平等主体合法利益为限。就本案而言，即使债务人陈某玲的主张符合抵销基础要件，若超出了抵销担保功能的合理期待，导致相应利益缺乏正当性，则不得主张抵销。

3. 对债权平等的价值判断

债权平等原则体现了民法上的平等原则与债的相对性原理，通说认为债的平等原则主要体现在：同一标的物上可并存两个以上内容相同的债权、数个债权人之间的效力平等、数个债权对债务人的责任财产享有

① 民法典第 568 条修改了“双方互负到期债务”要求，只要求对方债务到期，即允许主张抵销一方放弃期限利益。

② 参见崔建远：《“担保”辨——基于担保泛化弊端严重的思考》，载《政治与法律》2015 年第 12 期。

平等受偿权等方面。因此当多个普通债务无法获得全部清偿时，基于债权平等原则，任一债权人无凌驾于其他债权人之上的优先受偿权，各债权通常应按比例获得清偿。抵销的实现亦应遵守债权平等原则，不能减损责任财产剥夺其他债权人平等受偿的权利。

4. 对诉讼程序与执行程序衔接的考量

本案涉及到的一个重要事实为债务人陈某玲主张用以抵销的债权系受让所得。债权作为财产权，除因债的性质、约定或法定不得转让外，可以自由转让，但正如西方法谚所言“任何人不能从其违法行为中获益”，主张抵销的行为期待应当具有正当性，如恶意受让债权用以抵销，损害其他合法债权人利益，明显缺乏正当性，无赋予抵销权加以保护的必要。对于债权转让情形下债务人以受让取得的债权主张抵销的，且取得的债权系在执行程序中无法实现的，法院应对该抵销抗辩予以审慎的实质审查，即应根据诚实信用原则审查用于抵销的主动债权的取得情况，以保护善意抵销权的同时不损害第三人的合法权益。

以破产法的相关规范为参考，企业破产法第 40 条第 1 项规定“债权人在破产申请受理前对债务人负有债务的，可以向管理人主张抵销。但是，有下列情形之一的，不得抵销：（一）债务人的债务人在破产申请受理后取得他人对债务人的债权的”①。即主动债权系破产申请受理后经受让取得的，在破产程序中禁止抵销。该条立法理由为：一是破产主体的债务人对破产主体所负债务的履行利益应当归入其责任财产，即对破产主体具有增信效果。而破产主体债务人如果在破产案件受理后通过受让取得他人的对其债权，并主张抵销，则会产生消极后果：一方面是抵销债权等额内消灭自己所负债务，直接减少破产主体责任财产；另一方面导致转让债权逃逸比例清偿程序，变相获得优先清偿，造成对其他债权人不公平。二是存在道德风险，诱发破产债权人与破产主体的债务人之

① 深圳市人大常委会于 2020 年 8 月 26 日通过的《深圳经济特区个人破产条例》第 56 条第 1 项亦作了相同规定。

间恶意转（受）让债权，影响全体破产债权人的公平受偿，损害其他债权人的利益。

目前司法实践也大多遵循此裁判思路。如在兰某与刘某执行一案中[①]，法院认为“出现个人债务人不能清偿到期债务的情况时，为防止损害第三人特别是个人债务人的其他债权人的合法权益，抵销权的行使亦应受到一定限制。执行程序中，人民法院在对债权抵销进行审查时，除要求符合《执行异议复议规定》第19条之规定，还应审查用于抵销的主动债权取得情况，是否损害第三人利益”。在陈某龙与刘某信执行审查一案中，[②] 法院进一步明确，“如果债务人通过受让，取得了对债权人的债权，但该债权人作为被执行人，有其他多个债权人向其主张权利，那么债务人受让的债权在执行程序中能否实现以及能够实现多少，要按照相关法律规定在执行程序中确定，不能直接将其债务抵销”。青岛市某贸易中心与青岛某投资公司执行审查裁定中，[③] 最高人民法院认为：“抵销权是合同法规定的当事人的实体权利，被执行人在执行程序中可以行使。执行法院应当依照合同法的相关规定，对抵销权行使的条件是否具备等进行合法性审查。对于被执行人受让债权后主张抵销的，执行法院还应当审查被执行人受让债权的合法性，防止损害对方当事人、第三人的合法权益或者社会公共利益。”

本案中，债务人陈某玲明知债权人黄某作为多起案件被执行人缺乏可供执行财产的情形下，在一审庭审之后受让债权并主张抵销的行为，明显违反了诚实信用原则，且黄某不存在其他可供执行的财产清偿其全部执行债务，债务人陈某玲并非善意的债权受让人，其受让债权进行抵销的行为，因损害黄某其他债权人利益，不具有行为期待的正当性，其抵销主张不能成立。至于其受让的执行债权，可通过执行程序参与分配

---

① 详见（2018）最高法执监125号执行审查裁定书。

② 详见（2016）最高法执监155号执行审查裁定书。

③ 详见（2017）最高法执监3号执行审查裁定书。

制度，向人民法院申请参与分配。

综上，当债权人同时为多个执行案件的被执行人且无实际财产可供清偿他人债务时，债务人以受让申请执行人对债权人享有的执行债权，主张抵销的，人民法院除应审查是否符合法定抵销与执行抵销要件外，还应审查抵销目的实现是否具有正当性，防止恶意抵销损害第三人合法利益，以维护债权公平受偿的私法秩序。

【地方法院案例与解析】

对申请执行时效期间进行审查时应通知利害关系人参加审查程序

——北京百润世家贸易有限公司与保利龙马（天津）有限公司债权转让纠纷执行案

李　华*

【裁判要旨】

判断执行时效是否存在中断的情形，不应简单地以执行依据确定的权利人是否行使了权利来判断，在“债权转让”情形下，债务人对债务承认，以及权利人主张权利等均构成时效中断。如果债权继受人未参加执行时效问题的审查，会直接影响对是否存在时效中断情形的审查判断，则应通知债权继受人作为利害关系人参加审查程序。

一、案件基本情况

董某华、董某玲与保利公司签订《股权转让协议》及《补充协议》，按照《补充协议》约定，保利公司应支付董某华、董某玲 3200 万元股权补偿款。2017 年 5 月 15 日，董某华、董某玲与百润公司签订《债权转让

* 天津市高级人民法院法官。

协议》，约定董某华、董某玲将其对保利公司享有的3200万元股权补偿款债权转让给百润公司，百润公司成为债权转让的受让人。因保利公司未履行债务，百润公司向天津市第一中级人民法院（以下简称天津一中院）提起诉讼，请求判令保利公司支付百润公司股权转让款3200万元及利息。天津一中院作出（2017）津01民初346号民事判决，判令保利公司十日内给付百润公司3200万元欠款及利息，该判决于2018年1月13日生效。在该案件审理期间，保利公司将100万元股权转让补偿款打入法院账户，2020年9月2日保利公司取回了该款项。

期间，董某华、董某玲又对保利公司提出股权转让纠纷，该案诉讼请求为解除董某华、董某玲与保利公司签订的《股权转让协议》及《补充协议》。该案一审期间，保利公司提出《补充协议》涉及的股权转让补偿款3200万元董某华、董某玲已转让百润公司，其已不享有相应权利。该案二审法院为最高人民法院，案号为（2018）最高法民终668号（以下简称668号）案件。案件上诉期间，董某华、董某玲向百润公司发出《解除债权转让协议的函》，百润公司对董某华、董某玲函件予以确认。2018年5月29日，百润公司通过中国邮政（单号1067××××32628）向保利公司邮寄《关于撤销债权转让通知的函》，告知保利公司涉案3200万元股权转让款的债权撤销转让，保利公司应向董某华、董某玲履行义务。该邮件后被退回百润公司，邮件退改批条载明“原书地址不详”“电联不承认”内容。

2018年9月11日，保利公司在最高人民法院668号案件庭审中，对于本案所涉的3200万元股权转让补偿款表示：“我们随时愿意支付”。2020年3月17日，最高人民法院作出668号民事判决书，保利公司辩称部分载明：保利公司根据另案生效判决①已向法院支付100万元股权转让补偿款，余款即可随时支付。董某华、董某玲与百润公司解除股权转让补偿款债权转让合同不能改变该另案判决已生效的事实。查明事实部分载明：

① （2017）津01民初346号民事判决书。

本院二审期间，董某华、董某玲提交以下新证据。第一组：（1）《解除债权转让协议的函》；（2）百润公司《关于对解除债权转让协议的函的复函》；（3）《关于撤销债权转让通知的函》；（4）快递单据。拟证明董某华、董某玲与百润公司撤销关于3200万元股权转让补偿款的债权转让协议，保利公司应向董某华、董某玲支付该款项，但至今未履行。对董某华、董某玲提交的第一组证据予以采信。能够证明董某华、董某玲与百润公司已解除关于3200万元股权转让补偿款的债权转让协议。本院认为部分载明：目前董某华、董某玲与百润公司已解除该债权转让协议，但董某华、董某玲作为上述另案生效判决确定债权的权利承受人，可依据该生效判决申请强制执行，要求保利公司支付3200万元股权转让补偿款及相应利息，依法对包括案涉股权在内的保利公司名下财产采取执行措施。

2020年5月28日，董某华、董某玲向天津一中院邮寄申请执行材料，天津一中院立案庭以董某华、董某玲不是生效判决确定的权利人为由，不予受理，退回了申请执行材料，并释明应以百润公司作为申请执行人申请执行。

2020年7月15日，百润公司立案申请执行，要求保利公司支付股权转让补偿款3200万元及利息和费用。在执行中，保利公司认为百润公司申请强制执行已超过法律规定的申请执行期间，要求驳回百润公司的执行申请。

天津一中院执行机构查明，2017年5月15日，案外人董某华、董某玲与百润公司签订《债权转让协议》，约定董某华、董某玲将其对保利公司享有的3200万元股权补偿款的债权转让给百润公司，百润公司成为债权转让的受让人。因保利公司未履行债务，百润公司向天津一中院提起诉讼，请求判令保利公司支付百润公司股权转让款3200万元及利息。天津一中院于2017年12月25日作出（2017）津01民初346号民事判决书，判决保利公司给付百润公司3200万欠款及利息，该判决于2018年1

月 13 日生效。本案申请执行时效期间在不存在中断、中止事由的情况下为 2018 年 1 月 23 日至 2020 年 1 月 22 日。判决生效后，保利公司未履行判决确定的义务。

百润公司于 2020 年 7 月 15 日向天津一中院申请立案执行，要求保利公司支付股权转让补偿款 3200 万元及利息和费用。在执行中，保利公司认为百润公司申请强制执行已超过法律规定的申请执行期间，要求驳回百润公司的执行申请。

天津一中院执行机构认为：申请执行人应当在申请执行时效期间内申请强制执行，申请执行时效因法定事由可以中断、中止。本案被执行人履行生效法律文书确定的给付义务的截止日期为 2020 年 1 月 22 日。因此，（2017）津 01 民初 346 号案件申请执行时效期间在不存在中断、中止事由的情况下为 2018 年 1 月 23 日至 2020 年 1 月 22 日。根据《民法总则》① 第 195 条第 1 项规定，权利人向义务人提出履行请求会导致申请执行时效中断，该中断事由发生在当事人之间，是权利人向义务人提出的，具有相对性和特定性，且请求的内容是要求义务人向权利人履行义务。本案中，申请执行人于 2018 年 5 月 29 日向被执行人发出的《关于撤销债权转让通知的函》的内容是函告被执行人：（1）撤销涉案 3200 万元股权转让款的债权转让通知；（2）被执行人应向案外人董某华、董某玲履行义务。上述函的内容并非请求被执行人向申请执行人履行义务，不属于权利人向义务人提出履行请求之情形，不构成本案申请执行时效中断的事由。根据《民法总则》第 195 条第 2 项规定，义务人同意履行义务会导致申请执行时效中断，该中断事由发生在当事人之间，是义务人向权利人提出的，具有相对性和特定性。本案中，被执行人于 2018 年 9 月 11 日在最高人民法院另案庭审中所述“我们随时愿意支付”并非是向申请执行人作出的意思表示，不属于义务人同意履行义务之情形，不构成本案申请执行时效中断的事由。在前述中断事由均不成立的情况下，案外

① 已废止——编者注。

人董某华、董某玲于 2020 年 5 月 28 日向天津一中院邮寄送达申请执行材料已超过本案申请执行时效期间，不构成本案申请执行时效中断的事由。根据《民法总则》第 194 条第 1 款第 1 项规定，不可抗力作为申请执行时效中止的事由，是指在申请执行时效期间的最后六个月内发生的不能预见、不能避免且不能克服的客观情况。2020 年 1 月 20 日，国家卫生健康委员会发布公告，将新型冠状病毒感染的肺炎纳入法定传染病。申请执行人虽不能预见、不能避免，但并非不能克服，其行使请求权亦未因疫情或者疫情防控措施而受到影响。申请执行人所述案外人董某华、董某玲通过中国邮政向天津一中院邮寄送达申请执行材料是为例证。因此，新冠疫情的出现不构成本案申请执行时效中止的事由。综上，本案申请执行时效不存在中断、中止事由，申请执行人超过申请执行时效期间向天津一中院申请强制执行，被执行人对此提出异议，要求驳回申请执行人的执行申请，符合法律规定。

天津一中院执行机构以（2020）津 01 执 552 号执行裁定驳回百润公司的执行申请。2021 年 1 月 8 日，百润公司提出书面异议请求：（1）撤销天津一中院 2020 年 12 月 26 日作出的驳回百润公司执行申请的（2020）津 01 执 552 号执行裁定书；（2）恢复（2020）津 01 执 552 号案件的执行。

二、一审法院审查情况

天津一中院审查认为，根据民事诉讼法第 225 条①：当事人、利害关系人认为执行行为违反法律规定的，可以向负责执行的人民法院提出书面异议。当事人、利害关系人提出书面异议的，人民法院应当自收到书面异议之日起十五日内审查，理由成立的，裁定撤销或者改正；理由不成立的，裁定驳回。当事人、利害关系人对裁定不服的，可以自裁定送达之日起十日内向上一级人民法院申请复议。百润公司向保利公司邮寄《关于撤销债权转让通知的函》，保利公司未能收到，该函件的意思表示

① 2021 年修正后的民事诉讼法第 232 条——编者注。

对保利公司不产生法律后果，不能认定基于该函件构成执行时效中断。

2018年，保利公司在最高人民法院（2018）最高法民终668号案件庭审中所作“我们随时愿意支付”的表述，系针对董某华、董某玲，而非百润公司，不能视为保利公司对百润公司履行债务的意思表示，亦不产生时效中断的法律后果。百润公司在本案申请执行时效期间2018年1月23日至2020年1月22日内，未出现申请执行时效中断、中止的情形，百润公司2020年7月15日向本院申请执行，超过法律规定的申请执行期间，天津一中院执行机构驳回申请执行人百润公司的执行申请，并无不当。

2021年3月12日，天津一中院作出（2021）津01执异56号裁定，驳回百润公司的异议请求。

三、二审法院审查情况

百润公司不服，向天津市高级人民法院（以下简称天津高院）申请复议，请求：(1) 撤销天津一中院作出的（2021）津01执异56号执行裁定书；(2) 撤销天津一中院作出的（2020）津01执552号执行裁定书；(3) 恢复（2020）津01执552号案件的执行。

复议审查期间，百润公司称案涉的3200万元股权转让补偿款的债权人系董某华、董某玲。百润公司申请执行，系因天津一中院释明需以百润公司为申请执行人申请执行。保利公司亦明确表示，案涉的3200万元股权转让补偿款的债权人系董某华、董某玲。

天津高院认为，案件争议焦点为百润公司申请强制执行的（2017）津01民初346号民事判决是否存在法定执行时效中断的情形。

该案执行依据（2017）津01民初346号民事判决书确认的3200万元股权转让补偿款及相应利息权利人系百润公司。后董某华、董某玲通过《解除债权转让协议的函》向百润公司提出撤销该股权转让补偿款及相应利息的债权转让，百润公司以《关于对解除债权转让协议的函的复函》对董某华、董某玲撤销股权转的行为予以认可，并向保利公司寄送了《关于撤销债权转让通知的函》，告知保利公司应向董某华、董某玲支付股权转让补偿款本息，并履行其他相关义务。依照民法典第 546 条第 2 款“债权转让的通知不得撤销，但是经受让人同意的除外”的规定，及合同法第 80 条第 2 款“债权人转让权利的通知不得撤销，但经受让人同意的除外”的规定，百润公司《关于对解除债权转让协议的函的复函》系对董某华、董某玲撤销股权转的行为予以认可，构成受让人同意。

百润公司回函对董某华、董某玲撤销股权转的行为予以认可后，向保利公司寄送《关于撤销债权转让通知的函》，但保利公司未查收该信函，故不能得出保利公司知晓信函内容的结论，该债权变更行为对于保利公司不发生法律效力，亦不能构成执行时效的中断。

保利公司在最高人民法院（2018）最高法民终 668 号股权转让纠纷案件审理中，知晓该信函内容，并在答辩中表示“已向法院支付 100 万元股权转让补偿款，余款可随时支付”，庭审中再次表示“随时愿意支付”。最高人民法院（2018）最高法民终 668 号民事判决认定了董某华、董某玲与百润公司已解除该债权转让协议，董某华、董某玲系（2017）津 01 民初 346 号民事判决确定债权的继受人。（2018）最高法民终 668 号案件系董某华、董某玲提起的股权转让纠纷案件，该案的诉请之一是“解除董某华、董某玲与保利公司签订的《股权转让协议》及《补充协议》”，该《补充协议》涉及的股权转让补偿款及利息即为（2017）津 01 民初 346 号案件执行标的。天津高院认为，（2018）最高法民终 668 号案件的审理使《补充协议》中股权转让补偿款的履行处于不确定状态，其审理结果直接关系到本案执行依据所确认的股权转让补偿款及相应利息是否需要继续履行，同时该案亦以生效判决的形式认定了董某华、董某玲系（2017）津 01 民初 346 号案件债权的继受人，保利公司主张两案没有关联，不予认可。

复查期间，百润公司、保利公司均明确表示案涉的 3200 万元股权转让补偿款及相应利息权利人系董某华、董某玲。百润公司明知并认可（2017）津01民初346号民事判决生效后债权人发生变更，在董某华、董某玲因非执行依据确定的权利人，其申请执行立案未予受理的情况下，百润公司作为本案执行依据确定的权利人，在申请执行立案后应及时向执行法院申请追加变更执行主体。百润公司未申请追加变更执行主体，造成债权继受人董某华、董某玲未能进入到执行程序，也导致了执行时效的审查缺少权利主体。

天津高院认为，判断执行时效是否存在中断的情形，不应简单的以执行依据确定的权利人是否行使了权利来判断，在“债权转让”情形下，债务人对债务承认，以及权利人主张权利等均构成时效中断。董某华、董某玲作为债权的继受人未能参加执行时效中断案件的审查，将直接影响本案是否存在法定时效中断情形的审查判断，鉴于百润公司现阶段已无法再申请追加变更当事人，法院为查清事实应依法追加董某华、董某玲作为案件的利害关系人参加审查。天津高院裁定：（1）撤销天津市第一中级人民法院作出的（2021）津01执异56号异议裁定书；（2）发回天津市第一中级人民法院重新审查。

四、评析意见

执行中，因当事人与案外人之间债权转让、撤销等行为，至实际权利人与执行依据确定的权利人不一致。此类案件因实际权利人不是执行依据确定的权利人，在申请立案时，实际权利人可能会被告知要由执行依据确定的权利人先来申请执行，其无法获得申请强制执行主体资格。立案后，如未及时将申请执行人变更为实际权利人，被执行人却以申请执行人未在执行期限内行使权利为由，请求驳回申请执行人执行申请，法院仅以申请执行人与被执行人之间是否有中止、中断事由来判断是否超过执行时效，一旦支持被执行人的请求，将使实际权利人失去进入执行程序的途径。

复议法院为避免因权利主体不对称致权利人行使权利受阻的情况，提出将实际权利人列为当事人，依据不同时段的实际债权人与债务人之间是否存在时效中断的情形，来判断执行案件是否超过执行时效，解决了该案无论是董某华、董某玲，还是百润公司向法院申请执行均遭到阻碍的困境，将实际权利人引入执行程序，保护实际权利人的权益。该案有几个应注意的问题。

（一）董某华、董某玲撤销债权转让行为的性质

案外人董某华、董某玲通过与百润公司的债权转让行为，将3200万元股权转让补偿款的债权让予百润公司，（2017）津01民初346号民事判决书确认了3200万元股权转让补偿款及相应利息权利人系百润公司。后董某华、董某玲通过《解除债权转让协议的函》向百润公司提出撤销该股权转让补偿款及相应利息的债权转让。原则上债权转让的通知不得撤销，更何况是经过法院确认的债权转让。但法律规定了除外条款，依照民法典第546条第2款“债权转让的通知不得撤销，但是经受让人同意的除外”的规定，经受让人同意的债权转让可以撤销。百润公司以《关于对解除债权转让协议的函的复函》对董某华、董某玲撤销债权转让的行为予以认可。于是，董某华、董某玲与百润公司通过私权利的行使，变更了法院生效文书确定的内容。

（二）权利继受人董某华、董某玲能否直接作为申请执行人

在执行立案阶段，一般均是由执行依据确定的权利人来申请执行，对于通过私权利行使获得权利继受人身份的主体能否直接替代公权力确定的执行主体来申请执行，部分法院立案庭是持否定态度的，在一些特殊情况，如原权利人下落不明等情况下，该案不及时申请执行将产生严重后果的情况下，经过审查可以由权利继受人作为申请执行人。该案执行法院立案庭，就是否定董某华、董某玲的执行申请，立案庭告知由执

行依据确定的权利人百润公司来申请执行，百润公司随后按法院指引申请执行，但其未及时申请变更执行主体，引发了后续一系列问题。对此，最高人民法院第34号指导案例明确，生效法律文书确定的权利人在进入执行程序前合法转让债权的，债权受让人即权利承受人可以作为申诉执行人直接申请执行，无须执行法院作出变更申请执行人的裁定。

（三）百润公司未及时申请变更执行主体的后果

百润公司未及时申请变更执行主体，将申请执行人变为黄某华、董某玲，但在执行时效的审查中以保利公司对董某华、董某玲的承诺抗辩，造成在执行实施阶段，执行实施部门因承诺还款对象非百润公司为由，认定不构成执行时效中断，裁定驳回百润公司执行申请，且该裁定注明"送达即生效"。执行异议审查阶段，百润公司异议请求再次被驳回。复议阶段，法院如果继续以百润公司与保利公司之间是否有中止、中断事由来判断是否超过执行时效，被执行人的请求仍会被支持。一旦驳回百润公司复议请求，该执行案件将退出执行程序。实际权利人董某华、董某玲即便曾向被执行人主张过权利，存在构成执行时效中断的情形，但董某华、董某玲既无法通过执行立案，也无法通变更当事人进入到执行程序，其对该案也将彻底丧失申请强制执行的途径。因此，只有让董某华、董某玲加入到执行程序中，才能保护其合法权益的行使。

（四）实际权利人列为当事人，全面考量是否存在时效中断的情形化解纠纷

虽然本案执行依据确定的权利人与实际权利人不一致，但判断执行时效是否存在中断的情形，应依据的是不同时段实际权利人是否行使权利而不应单纯、简单地以执行依据确定的权利人是否行使权利判断。董某华、董某玲作为债权的继受人未参加执行时效中断案件的审查，无法查清本案是否存在法定中断情形，故董某华、董某玲应比照民事诉讼法

上的必要诉讼当事人参加诉讼，才能从根本上解决现有的困境。所以，复议法院为避免因权利主体不对称，至权利人行使权利受阻的情况，提出将实际权利人列为当事人，依据不同时段的实际债权人与债务人之间是否存在时效中断的情形，来判断执行案件是否超过执行时效，解决了该案无论是董某华、董某玲，还是百润公司向法院申请执行均遭到阻碍的困境，将实际权利人董某华、董某玲引入执行程序，保护实际权利人的权益。

（五）本案执行中的其他问题

《最高人民法院关于适用〈中华人民共和国民事诉讼法〉的解释》第483条①规定，申请执行人超过申请执行时效期间向人民法院申请强制执行的，人民法院应予受理。被执行人对申请执行时效期间提出异议，人民法院经审查异议成立的，裁定不予执行。《最高人民法院关于人民法院办理执行异议和复议案件若干问题的规定》第7条第2款规定，被执行人以债权消灭、丧失强制执行效力等执行依据生效之后的实体事由提出排除执行异议的，人民法院应当参照民事诉讼法第225条②规定进行审查。根据上述规定，在执行过程中被执行人提出时效抗辩的，应当参照民事诉讼法第232条规定通过执行异议程序进行审查，经审查确已超过申请执行时效的，应裁定不予执行。本案中，一审法院执行实施部门以超过申请执行时效为由裁定驳回申请执行人百润公司的执行申请，有欠妥当。

---

① 2022年修正后的《最高人民法院关于适用〈中华人民共和国民事诉讼法〉的解释》第481条——编者注。

② 2021年修正后的民事诉讼法第232条——编者注。

【理论与争鸣】

居住权异议之诉法律适用问题研究

李亚彬*

内容摘要：民法典首次规定了居住权这种用益物权模式，居住权在我国正式"入典"。民法典施行后，居住权不仅会进入人们的生活，更会进入诉讼之中。在司法实践中，当执行行为前进的步伐"路遇"居住权时，可能会因此前法律上没有居住权的存在，更因没有具体的裁判规则，而使这类异议案件"迷失方向"。因此，对审查这类案件可能出现的问题，就要有前瞻性的思考。本文按三种分类方式将居住权划分为合同居住权、遗嘱居住权、判决居住权；登记居住权、未登记居住权；有偿居住权、无偿居住权。选取与其权利接近的租赁权、抵押权、物权期待权、以物抵债等异议之诉中既有裁判规则为标准，充分运用非法律行为的物权变动模式、先封后租、先封后抵、物权优于债权等理论基础，详细总结各居住权的差别，使居住权之诉的法律适用问题具体化，并具有可操作性。

一、居住权及其分类

根据民法典第366条的规定，居住权是设定于住房之上，供特定人

* 吉林省吉林市船营区人民法院执行局局长。

长期或终生居住的权利。居住权的本质为物权，属于物权中的用益物权，设立居住权的目的是保障居住权人的基本生活居住需求，人役性是其当然属性。从现实生活来看，房屋所有权人可以为直系亲属、生活困难之人、有恩于自己之人设立居住权，还可以在“以房养老”、离婚财产分割、赠与子女房屋、遗赠扶养协议等多个领域发挥作用。

在复杂的社会生活中，因当事人之间设立居住权的目的不同、成立居住权的法律事实不同、所约定的居住权的内容不同等诸多原因，就会产生不同类型的居住权，所以精准把握居住权的裁判规则，就要对居住权的类型进行分类。

（一）合同居住权、遗嘱居住权与判决居住权

民法典第 366 条规定：“居住权人有权按照合同约定，对他人的住宅享有占有、使用的用益物权，以满足生活居住的需要。”第 371 条规定“以遗嘱方式设立居住权的，参照适用本章的有关规定。”因此，从民法典对居住权的规定来看，居住权可以通过合同和遗嘱两种方式设立。此外，根据诉讼理论，在形成之诉的判决中，法院会对当事人争执的案涉标的物进行分割，并有权通过判决的形式确认物权。既然居住权也是物权，那么这类判决当中当然就可以包括居住权，所以法院通过判决的形式是可以设立居住权的。据此，居住权就可以划分为合同居住权、遗嘱居住权和判决居住权三种。

（二）登记居住权与未登记居住权（居住权期待权）

民法典第 368 条规定：“设立居住权的，应当向登记机构申请居住权登记。居住权自登记时设立。”可见，居住权设立的时间就是完成登记的时间，这不仅与房屋物权的设立规则相一致，也再次彰显了居住权物权化的属性。不过，在房屋未进行登记的场合，如果具备了《最高人民法院关于人民法院办理执行异议和复议案件若干问题的规定》（以下简称《异议复议规定》）第 28 条规定的四个条件时，将会成立物权期待权，

并具有了排除执行的法律效力。因此，同作为物权的居住权也会和房屋一样，在具备一定条件的情况下，虽未进行登记，但也可以产生排除执行的效力，这就是未登记的居住权，也可以称之为居住权期待权，相对于登记所作的一个类型划分。

（三）有偿居住权与无偿居住权

民法典第368条规定："居住权无偿设立，但当事人另有约定的除外。"可见，法律允许当事人另行约定有偿的居住权，所以以合同方式设立的居住权可以分为无偿和有偿两种。

二、居住权异议之诉审理的理论基础

民事诉讼法第234条规定"执行过程中，案外人对执行标的提出书面异议的，人民法院应当自收到书面异议之日起十五内审查，理由成立的，裁定中止对该标的执行；理由不成立的，裁定驳回。案外人、当事人对裁定不服，认为原判决、裁定错误的，依照审判监督程序办理；与原判决、裁定无关的，可以自裁定送达之日起十五内向人民法院提起诉讼。"这是案外人提出执行异议之后法院在执行阶段进行程序性审查的规定。《民事诉讼法解释》第310条第1款规定："对案外人提起的执行异议之诉，人民法院经审理，按照下列情形分别处理：（一）案外人就执行标的享有足以排除强制执行的民事权益的，判决不得执行该执行标的；（二）案外人就执行标的不享有足以排除强制执行的民事权益的，判决驳回诉讼请求。"这是案外人提起执行异议之诉时法院在审判阶段进行实体审理的规定。这样，通过对案外人在程序上和实体上的两种救济途径，便充分平衡了债权人、被执行人和案外人之间的利益冲突。

从民法典第366条规定的内容可知，作为物权属性的居住权是在房屋之上衍生出来的一种保障性的用益物权。既然居住权所对应的义务附属于房屋之上，如果法院对居住权赖以依存的房屋进行了查封，居住权人就完全符合了民事诉讼法第234条和《民事诉讼法解释》第310条规定的案外人的主体身份地位，所以居住权排除执行在法律上就有了正当性的基础。当居住权和其他权利竞合的时候，就要评判两种权利孰优孰劣。例如，当申请执行人的债权为金钱之债时，即便法院在执行中查封了居住权人居住的房屋，由于案外人的居住权是物权，基于物权优于债权的规则，居住权就可以排除执行。由此看来，居住权异议之诉的理论基础，在于居住权是一种物权，具有排他性，而对其背后的居住权人生存权的考量，则是其排除执行正当性基础的更高价值所在。

值得注意的是，所谓的居住权排除执行，并不是指因居住权的存在而导致执行拍卖程序的无法进行，而是指在拍卖时要负担此居住权进行“带居拍卖”，房屋受让人需要继续承担此居住权。申言之，居住权排除执行并不能达到阻止法院对房屋处分的目的，其排除执行力的“射程”只能到“带居拍卖”这个点上。

三、居住权异议之诉审理的裁判规则

（一）合同居住权异议之诉审理的裁判规则

实务中应掌握好以下标准：

（1）内容要件。民法典第 367 条规定了居住权合同的一般条款，异议之诉审理中可根据该条的规定对合同内容进行形式审查。

（2）主体要件。根据民法典第 366 条的规定，居住权的主体只能被限制为具有生活居住需求的自然人，不包括法人和非法人组织。因此，在判断居住权能否排除执行的问题时，如果案外人是一个单位，比如某一个公司以其对案涉房屋享有居住权为由提出异议，是不能排除执行的。此外，对于居住权本人之外的人，能否以居住权人的主体资格自居，向法院提出排除执行的异议，这也是居住权所“辐射”的人员范围问题。对此，可以以确有必要居住之人为限，进行适当“辐射”，如居住权人的配偶、子女、父母、保姆等身份关系紧密或居住权人为正常生活所需而“离不开”之人。

（3）目的要件。根据民法典第366条的规定，居住权的核心目的是保障特定群体的居住权利，切实解决人民群众居住需求，而不是出于商业目的。因此，如果双方当事人设立的居住权，约定是为了“居住权人”进行商业活动所用，而不是为了居住，则其居住权不能成立，不能排除法院的执行。

（4）客体要件。根据民法典第366条的规定，居住权是居住权人对他人的住宅所享有的占有和使用的用益物权。因此，居住权不仅要附着于房屋之上，而且其客体只能为住宅。如果所设立的居住权的客体不是住宅，而是一个商业网点，则即便双方当事人签订了居住权合同，并进行了居住权登记，这样的“居住权”仍不能成立，是不能排除执行的。值得一提的是，如果所设立居住权的房屋为商住两用房时，还应本着区别对待、据实认定和因案而异的原则综合判断。

（5）期限要件。根据民法典第370条的规定，居住权的存续期间应同人身紧密联系，人身需求消灭，居住权就应消灭。主要表现为两个方面：一是当事人间可以约定居住权期间；二是期限直到居住权人死亡。如果当事人据以提出异议的居住权已经超过了约定的期限或者居住权人已经死亡，居住权即已消灭，不能排除执行。还要注意，在居住权人放弃居住权、房屋所有权人撤销居住权或者居住权是附解除条件的情况下，还要重点审查以上事由是否存在，从而精准判定居住权是否消灭、能否排除执行。

（6）占有要件。根据民法典第368条的规定，居住权自登记时设立。因此，占有并不是居住权设立的标准，对于已经进行了登记的居住权，即便居住权人尚未实际占有房屋，也可以排除法院的执行。但在居住权期待权的场合，对占有的判断则意义重大，如同在物权期待权的场合对占有的判断一样，毕竟这是由债权“迈向”物权的重要步骤之一。

（7）登记要件。根据民法典第368条的规定，居住权自登记时设立，所以通过合同方式所设立的居住权，当前述要件均符合的情况下，最终就要进行登记，使之具有物权效力，实现排除执行的终极目标。

（8）价款要件。这涉及有偿居住权和无偿居住权排除执行的裁判规则问题，将在下文论述。

（9）过错要件。即居住权人未进行居住权登记有无过错的问题，这涉及居住权期待权排除执行的裁判规则问题，将在下文论述。

（二）遗嘱居住权异议之诉审理的裁判规则

根据民法典第371条的规定，以遗嘱方式是可以设立居住权的。这种情况多发生在被继承人为再婚配偶或保姆设定居住权的场合。此时，当法院执行被继承人名下的房屋时，再婚配偶或保姆等特定关系人就会提出异议，要求法院排除执行，这就是遗嘱居住权排除执行的裁判规则问题。在这个问题上，有两点需要重点关注。

一是民法典第230条在异议审查中的适用。民法典第230条规定，因继承取得物权的，自继承开始时发生效力。因此，以遗嘱方式设立的居住权，系以非法律行为方式引起的物权变动，权利设立的时间应该适用民法典第230条的规定，不以居住权的登记时间为准。在这种情况下，要重点考查被继承人是否死亡的事实，而不应局限于对是否登记的审查，申言之，即便此时居住权还未登记在居住权人名下，但若查明被继承人已经死亡，则居住权人的居住权设立，可以排除执行。同理，如果在被继承人死亡前，“居住权人”就持有关居住权的遗嘱来提出异议，因被继承人的死因行为尚不具备，是不能排除执行的。

二是民法典第1159条在异议审查中的适用。民法典第1159条规定，分割遗产，应当清偿被继承人依法应当缴纳的税款和债务。因此，在遗嘱居住权的审查中，还应注意被继承人生前对外是否还有应缴纳的税款和负有未清偿的债务。当存在这样的情况时，即便被继承人死亡之时，遗嘱居住权也会即时成立，但由于上述债务的清偿在顺序上优先于遗产的继承，如果该房屋因为被继承人缴纳税款和清偿债务而被处分，则“皮之不存，毛之焉附”，居住权自然亦不复存在，这样的居住权也是不能排除执行的。

（三）判决居住权异议之诉审理的裁判规则

一如上述，这种居住权是通过裁判方式设立的，特别是在离婚诉讼中，对离婚后没有房屋居住的配偶一方，法院往往会通过判令其仍有权在原夫妻共有的房屋内居住的方式解决其居无定所的问题，此时就是典型的判决居住权。这也是民法典第 229 条所规定的非法律行为方式引起的物权变动模式。因此，即便这种居住权未进行登记，但居住权人持生效的法律文书，也是可以排除法院的执行的。

（四）登记居住权异议之诉审理的裁判规则

进行了登记的居住权是一个最为完整和标准的居住权，在完全符合前述合同居住权排除执行裁判规则的条件下，可以当然地排除法院的执行。需要注意的是，即便如此，也要考察居住权的登记时间，只有登记时间在法院查封之前，即“先居后封”的情况下才可以排除法院的执行。如果在法院查封之后登记的居住权（通常情况下是不能实现的，但如因登记机关审查不严或工作疏忽等原因也可能会出现），即“先封后居”的情况下是不能排除法院的执行的。

（五）未登记居住权异议之诉审理的裁判规则——居住权期待权排除执行的可行性论证

如前所述，在具备《异议复议规定》第 28 条规定的四个条件的房屋买受人将会成立物权期待权。从物债两分的物权理论分析，在社会生活中，以房屋为例，买受人欲取得某一房屋的所有权，要先签订一个买卖合同，这是一个债权行为，然后再逐步支付价款、交付房屋，直至更名过户取得物权。可见，某一个标的物由出卖人向买受人流转的过程，实际上就是一个债权向物权转化的过程，交易的标的物也是逐步地向新的物权人“迈进”的。在这个逐步“迈进”的过程中，必然要有一个点，在这个点上，物权距买受人仅“咫尺之遥”，处于这个点上的买受人虽未进行物权登记，但在法律上有对其物权进行保护的价值和必要，甚至是可以排除法院的执行，这个权利就是物权期待权。既然物权期待权可以对抗法院的执行，就显然具备了物权的对世功能，可通过物权期待权的认定标准，也就是《异议复议规定》第 28 条规定的四个条件对其进行对外公示，并保护交易安全。对于同为物权属性的居住权来说，在其设立时由债权向物权转化的过程中，也会成立居住权期待权，也有适用物权期待权的余地。但居住权人役性的特点，决定了居住权期待权会有不同于物权期待权的判断标准。

（1）时间标准。《异议复议规定》第 28 条规定的物权期待权可以排除执行的第一个标准就是在人民法院查封之前已签订合法有效的书面买卖合同，也就是这个合同订立的时间一定是在人民法院查封之前。基于同样的立法目的考量，居住权也应该遵遁同样的规则，当事人间的居住权合同一定要在人民法院查封之前签订。

（2）占有标准。《异议复议规定》第 28 条规定的物权期待权可以排除执行的第二个标准就是在人民法院查封之前已经合法占有该不动产。房屋本不应以占有作为其物权设立的标准，但在成立物权期待权时，占有毕竟是债权向物权转化的最为关键和实质的一步，也是最容易识别和最难“作假”的一步。因此，占有标准堪称是物权期待权的核心标准。从居住权供他人生活居住所需的制度本意来看，居住权中占有的核心性应更强，对占有的判断标准将会是居住权期待权排除执行中审查的重中之重。判断标准除应与物权期待权的判断标准一致外，还要考虑居住权的特殊属性，除可以提供证据证明事实上的占有，水电费、物业费票据，邻居或者社区的证言外，还可以是特定身份关系的证据，例如，配偶子女关系、再婚配偶关系、保姆雇主关系等曾经共同居住的事实。

（3）价款标准。《异议复议规定》第 28 条规定的物权期待权可以排除执行的第三个标准就是已支付全部价款，或依约支付部分价款。作为房屋的物权期待权，价款标准甚为重要。由于居住权可以分为无偿和有偿，所以居住权期待权也随之略有不同。若当事人间设立的居住权为无偿，价款标准的识别便丧失意义；若当事人间设立的居住权为有偿，价款标准的判断才有价值。此外，基于居住权的无偿本性，在价款的数额上应有所放宽，可以是象征性支付，也可以相当于租金，甚至是低于租金。

（4）过错标准。《异议复议规定》第 28 条规定的物权期待权可以排除执行的第四个标准就是非因买受人自身原因未办理过户登记。在物权期待权的情况下，如果因买受人的原因未能办理案涉房屋的过户登记，则因其自身的过错程度甚巨，纵然在其他方面其由债权接近物权的距离几乎为零，也会因其未更名的过错而使该距离变得“遥不可及”，从而不具备排除执行的可能性。同理，在居住权期待权的场合，如果因居住权人的原因不能办理过户登记的，同样也是不能排除执行的。但笔者认为，本着居住权为满足居住权人生活居住需要这一根本目的，使得居住权人弱势群体的身份要素较明显。因此，在考量居住权期待权人的过错程度时应进行适当弱化。例如，在物权期待权场合，买受人如果因不愿承担更名费用而不进行过户登记，就会被认为是明显的过错而使其权利不能排除执行，但如果在居住权期待权场合，在因更名费用问题而未进行登记时，就应结合更名费用的多少、居住权人经济能力的大小等原因作进一步的审慎衡量，不能像物权期待权一般径行认定其有过错而不能排除执行。

（六）无偿居住权异议之诉审理的裁判规则

民法典第 368 条规定，居住权可以无偿设立。在无偿居住权异议之诉的审理中，可以比照赠与合同的相关规则进行裁判。根据民法典第 659 条的规定“赠与的财产依法需要办理登记或者其他手续的，应当办理有关手续”，所以如果案外人的无偿居住权已经进行了登记，当然可以排除执行。但要注意以下两点： 是要结合民法典第 658 条第 1 款“赠与人在赠与财产的权利转移之前可以撤销赠与”的规定进行判断，例如，在房屋所有权人出现住房因难、居住权人不当使用房屋、肆意进行改扩建、进行非法犯罪活动及其他有违诚信原则和公序良俗行为的，房屋所有权人都可以撤销居住权，此时，居住权就不能排除执行；二是要结合民法典第 658 条第 2 款“经过公证的赠与合同或者依法不得撤销的具有救灾、扶贫、助残等公益、道德义务性质的赠与合同”不得撤销的规定进行判断，如果房屋所有权人是为与其无任何身份关系的鳏寡老人等特困群体所设立的居住权。此时，就属于道德义务上的赠与，不允许撤销，居住权就可以排除执行。

（七）有偿居住权异议之诉审理的裁判规则——“以居抵债”居住权的现实判断

根据民法典第 368 条的规定，在当事人另行约定时，居住权可以有偿设立。如果这个有偿居住权已经进行了登记，就是一个完整的物权，则完全可以排除执行，并无争议。但在未进行登记的情况下，同样将会成立居住权期待权，此时，以居住权期待权排除执行的规则进行判断即可。

值得讨论的是“以居抵债”问题。比如，被执行人对案外人负有一笔债务，双方约定在被执行人的房屋上为案外人设立一个居住权，并进行登记，同时约定案外人可以居住到死亡时为止，双方的债权债务消灭。此时，这个居住权就是有偿的，价款的对价就是债权数额，这就是“以居抵债”。笔者认为，对于“以居抵债”排除执行的问题，可以比照“以物抵债”排除执行的裁判规则进行判断。根据最高人民法院（2020）最高法民申 6858 号民事裁定中的裁判要旨，在“以居抵债”的异议之诉中，应重点审查以下几点：一是居住权是否已经办理了登记，如果已经登记，则居住权作为物权已经设立，具有排他效力，据此可以排除执行；二是如果没有进行登记，则要进一步考查：（1）如果所抵销的债权是普通债权，因其与申请执行人的金钱债权之间具有平等性，不能排除执行；（2）如果所抵销的债权是特殊债权，如房屋所有权人为照料其多年又居无定所的保姆设立一个居住权，用来抵偿其所欠的保姆服务费用，此时，对保姆的服务费就应有别于普通债权来看待，应基于“生存权优于债权”的规则，据以排除执行。此外，基于居住权系社会保障性权利的性质，在居住权人尚有其他住宅可供居住时，不能排除执行。

四、其他“居住权”异议之诉审理的裁判规则

（一）“租赁权居住权化”的裁判规则

根据民法典第705条的规定，租赁权的最长期限为20年。为了规避这一问题，当事人间可能会通过合同的约定设立一个有偿居住权，居住权的费用其实就是租赁费用，进而使租赁权由债权“上升”为物权，期限可以永远存续，不受20年的最高上限所限。此时，合同双方就把租赁权包装成了居住权，这就是“租赁权居住权化”的问题，双方的合同名为租赁、实为居住。在这种情况下，如果案外人持其与被执行人间签订的所谓居住权协议，要求排除法院执行的，就应该充分运用虚假行为的法律规则进行裁判。根据民法典第146条的规定，当事人间签订的居住权合同实属为以虚假意思表示实施的民事法律行为，应为无效。而对其以虚假意思表示隐藏的民事法律行为，即租赁法律关系，则还应按租赁的法律规定处理。因租赁权系债权，原则上是不能排除执行的，但是在双方约定的名义上的居住权（实为租赁权）在先，查封在后，即“先租后封”的情况下，基于民法典第725条规定的“买卖不破租赁”规则，此时法院应“带租拍卖”，拍卖买受人应该容忍房屋上的租赁权直至租赁期满。当然如果这个租赁权已经超过20年了，所提出的异议是不能得到保护的，此时法院要“去租拍卖”，以充分保护申请执行人债权的实现。

（二）“继受居住权”审理的裁判规则

根据民法典第369条的规定，居住权不得转让、继承。在我国，居住权的转让和继承已被民法典所禁止，所以在司法实践中就要注意，案外人以转让和继承等方式获取的“继受居住权”向法院提出异议时，是

不能排除执行的。

（三）居住权与其他权利竞合时审理的裁判规则

（1）居住权与抵押权的竞合。当申请执行人申请执行的金钱债权系有抵押权的情况下，案外人以其对抵押房屋享有居住权为由提出异议时，就会存在居住权与抵押权的竞合。民法典第405条规定“抵押权设立前，抵押财产已经出租并转移占有的，原租赁关系不受该抵押权的影响”，即在“先租后抵”的情况下，租赁权是不受影响的，法院要“带租拍卖”。这一规则对居住权与抵押权竞合时的裁判规则很有参考价值，如果居住权的设立时间在抵押之前，也就是“先居后抵”时，则居住权就可以排除执行，反之，就不能排除执行。

（2）居住权与查封权的竞合。如果法院在执行过程中对案涉房屋进行了查封，案外人以其对查封的房屋享有居住权为由提出异议时，就会存在居住权与查封权的竞合。《异议复议规定》第31条确立了“买卖不破租赁”规则在执行程序中的运用，即在“先租后封”时，法院要“带租拍卖”。这一规则同样对居住权与查封权的竞合有借鉴作用。当居住权的设立在先，法院的查封在后的时候，要遵循“买卖不破居住”规则，即在“先居后封”时，法院要“带居拍卖”，拍卖买受人要容忍房屋之上居住权的存在。

（3）居住权与租赁权的竞合。如果被执行人将自己的房屋为他人设置了以房屋作为给付标的债权，如将房屋出租，房屋的承租人向被执行人主张租赁权，同时，被执行人又在该房屋上为案外人设立了居住权，此时，就出现了居住权与租赁权竞合的情形。这时，应考虑两个因素：一是物权优于债权规则，居住权原则上是要优于租赁权的；二是时间顺序规则，如果租赁权成立在先，居住权登记时间在后，即“先租后居”时，居住权不能排除对租赁权的执行。

（4）居住权与抵押权、查封权竞合。当一个无抵押权的债权进入执行程序并查封了被执行人的一处房屋，如果该房屋不仅是银行的抵押物，同时，被执行人还在该房屋上为案外人设立了居住权，此时，在这个房屋之上就同时负担有居住权、抵押权和查封权，出现“三权合一”的局面。此时，如果三种权利成立的时间并不一致，就可以依时间先后，用顺序规则进行裁判即可。

（5）居住权之间的竞合。当房屋所有权人先后与两个以上的人约定设立居住权时，就会存在居住权之间的竞合。例如，房屋所有权人先是与自己的再婚配偶约定了一个居住权，后来，看到照顾自己多年的保姆生活艰难，担心自己死后保姆无处可居，顿生恻隐之心，又与保姆签订了一个居住权合同。此时，可以根据民法典第 414 条的规定进行裁判，即居住权均登记的，按登记的时间先后确定；已登记的优先于未登记的；均未登记的，要充分运用居住权期待权裁判规则进行排序。通过以上规则，决定哪一个居住权可以排除执行，对不能排除执行的居住权，法院在执行过程中会将其去除。另外，如果房屋面积较大，如多层别墅、多个房间，房屋所有权人还可能为不同的主体设立多个居住权，出现“居住权的并存”。此时，居住权人的主体各自独立，分别享有权利，这不是居住权的竞合，不适用前述规则。

终本案件管理由混同到分类的实践转向

——以执行不能案件的认定及类型化退出为视角

李兆勇*

内容摘要：实践中，对终本案件的管理一直采取混同管理的模式。该模式在实际运行中容易引发终本结案标准把握不一、后续管理随意粗放、管理效能低下等问题，已无法适应当前“切实解决执行难”的现实需要。通过实证分析，不难发现对终本案件进行分类管理是必要且可行的。在具体操作层面，应厘清执行不能的概念，明确其构成要件，并根据个案的具体差异，构建与之匹配的退出路径。由此为体量庞大的终本库“瘦身”“减负”，提升切实解决执行难的针对性与实效性。

当前正值“基本解决执行难”向“切实解决执行难”转型的关键期，执行难长效治理、综合治理、源头治理的重要性与紧迫性日益凸显。现有的执行体制机制与“切实解决执行难”的目标要求相比，还存在差距。其中，终本案件管理中存在的问题尤为突出。长期以来，实务中多习惯于对终本案件采取混同管理的模式。该模式因缺乏对个案差异应有的关注，导致管理方式粗放、管理效能低下以及司法资源的无端浪费，已经成为实现“切实解决执行难”目标的一大障碍。树立靶向思维，对

---

* 江苏省盐城市中级人民法院执行局助理审判员。

终本案件实行分类管理，可谓正当其时。在准确识别执行不能案件并细化其分类的基础上，探索差异化的退出路径，不仅能够有效地压缩终本案件的存量、促进司法资源的持续释放与优化整合，对于提升切实解决执行难的精准性与实效性同样具有重要的现实意义。

一、终本案件管理现状评述

（一）终本案件态势分析

1. 终本案件所涉案件类型多样

以Y市D区法院2016年以终本方式结案的2133件执行案件为例，在调研案例中，借款合同类纠纷案件474件，占案件总数的22.22%；民间借贷纠纷案件236件，占案件总数的11.06%；劳动争议纠纷案件374件，占案件总数的17.53%；买卖合同纠纷案件218件，占案件总数的10.22%；罚金刑案件183件，占案件总数的8.57%。由此可见，就调研案例而言，终本案件所涉及的案件类型呈现出显著的多样性（见图1）。

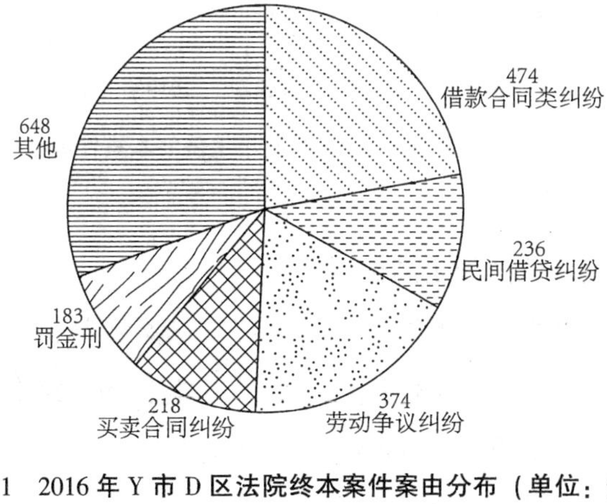

图1　2016年Y市D区法院终本案件案由分布（单位：件）

2. 终本案件数反弹趋势明显

经“基本解决执行难”专项行动的持续攻坚，执行案件的总体质效有了显著提升。以终本案件数这一指标为例，Y 市两级法院的终本案件数自专项行动开展以来呈逐年下降态势：2016 年为 18755 件、2017 年为 16645 件、2018 年为 12756 件。但随着专项行动的结束，法院工作重心的调整，终本案件数呈现出明显的反弹趋势：2019 年 Y 市两级法院的终本案件数为 16110 件，同比上升幅度达 26. 3%。2020 年的终本案件数下降为 12978 件，但这与受案数及结案数的大幅减少存在直接关联（见图 2）。

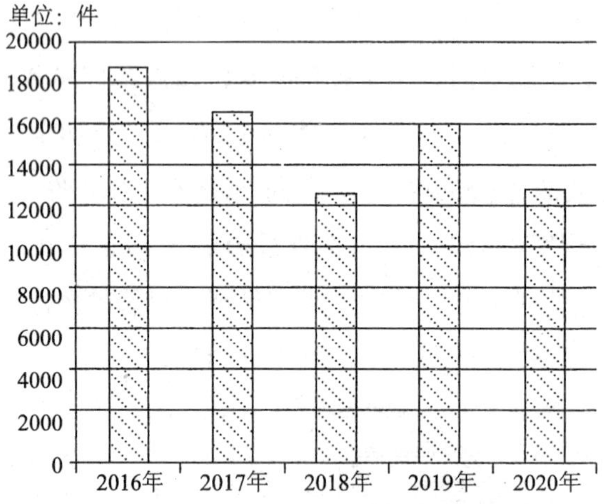

图 2　2016 年—2020 年 Y 市法院终本案件数

3. 终本结案率依然处于高位

相比终本案件数，终本结案率（即终本结案数与执行案件结案数之比）这一指标更能反映出案件执行质效的基本态势。在专项行动开展之前的 2015 年，Y 市两级法院的终本结案率达 63. 5%，经专项行动的集中攻坚，该项指标呈现出大幅下降的态势，2018 年 Y 市两级法院的终本结案率为 31. 9%，相比 2015 年，降幅超过 50%。但总体上终本结案率仍处于高位运行状态，尤其是 2020 年，该项指标为 41. 1%，相比 2018 年，呈现出明显回升的趋势（见图3）。

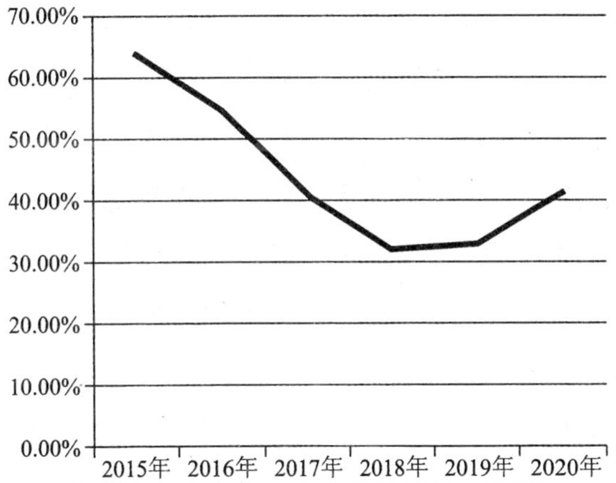

图3　2015年—2020年Y市法院终本结案率

（二）当前终本案件管理存在的突出问题

1. 对终本案件结案标准的理解存在偏差

终结本次执行程序是最高人民法院在2015年2月制定《民事诉讼法解释》时创设的一项制度。因条文篇幅限制，《民事诉讼法解释》对终本程序的具体标准、适用程序及后续管理等问题未作出明确规定，以致部分法院在具体操作时存在标准过宽、程序过简等不规范问题，严重损害了当事人的合法权益。[①] 有鉴于此，最高人民法院于2016年出台了《关于严格规范终本程序的规定（试行）》（以下简称《终本规定》），设置了该制度的程序要件与实质要件。但因其对"有财产不能处置"等实质要件的表述依然不够明确、具体，实践中"重程序、轻实质、随意终本、滥用终本"的倾向比较突出。据最高人民法院执行局《关于2018年1—3月全国法院执行案件终本合格率情况的通报》统计，2018年1—3月全国法院终本案件平均合格率为33.87%，低于90%的目标要求。

① 张明新：《终本案件不应终了》，载《人民法院报》2017年6月15日。

2. 终本案件后续管理简单粗放

《终本规定》虽然对执行案件终本后被执行人财产定期网络查询、续行查控及执行主体变更等后续管理事项作了制度安排，但总体而言，条文表述较为原则、宽泛，可操行性不强。实践中，有些法院将终本案件与其他执行案件混同管理，或者继续积压在原承办人手中。随着专项行动的深入开展，执行力度不断加大，终本案件越积越多，新老案件交叉重叠，执行连贯性不强，工作效率不高，一些终本案件实际上陷入不找不问的状态。终本案件单独、动态、长效化管理的机制尚未形成。①

3. 终本案件管理效能低下

因终本结案把关不严，实践中有大量财产未经处置的执行案件进入终本程序。据统计，2013年至2017年，北京市第三中级人民法院办理的终本案件中有财产可供处置的案件达44件，占恢复执行案件总数的31.58%。Y市两级法院2016年至2019年恢复执行的案件分别为：4076件、5424件、5953件、6505件，年均增长率为14.9%，这也可以从侧面印证实践中带财产终本的问题较为突出。一方面，这一做法造成了司法资源的无端浪费，使得人案矛盾进一步加剧；另一方面，恢复执行案件的被执行人相比首执案件，更为了解法院的执行措施，规避抗拒执行的心理较强，加大了财产查控处置的难度，导致恢复执行案件的执行质效较差。2018年Y市两级法院该类案件的执行完毕率仅为27.3%。

二、终本案件分类管理的实证分析

（一）终本案件实行分类管理的必要性

1. 混同管理模式不利于司法资源的优化配置

《最高人民法院关于执行案件立案、结案若干问题的意见》（以下简

① 娄银生、韩振：《程序见底亮相案件不再冬眠——江苏省睢宁县法院终结本次执行案件管理工作调查》，载《人民法院报》2017年6月15日。

称《立结案意见》）第16条列明了执行案件“被执行人确无财产可供执行”可以以终本方式的六种情形；而第17条第5项又规定，执行案件具有“作为被执行人的公民因生活困难无力偿还借款，无收入来源，又丧失劳动能力的”情形的，可以以“终结执行”方式结案。显而易见，《立结案意见》将“执行难”与“执行不能”两类执行案件作了区别对待，分别设定了不同的结案方式。但《终本规定》将“已穷尽财产调查措施，未发现被执行人有可供执行的财产或者发现的财产不能处置”作为终本的实体要件，不再对“执行不能”案件进行单独考量。有学者认为，这一做法不利于确保有限的司法资源高效应用在切实破解执行难的进程中，从而实现集中力量办大事的效果①。

2. 混同管理模式不利于传递风险自担的市场意识

随着我国市场经济的高速发展，收益自享已成为各类市场主体的普遍共识。各类经营者从事经济活动的直接动因便是为了提高自身的经济收益。但与此同时，其风险自担的市场意识却未完全树立。实践中，经常会遇到部分申请执行人向执行干警表示“反正法院判我赢了，我就找法院要钱”。② 殊不知，权利能否实现及其程度，并不完全取决于执行的力度，客观上更受制于债务人的履行能力及债权人举证的效果等外部因素。实际上，在法院穷尽执行措施后债权仍不能实现的情形，便属于执行风险，这种风险是申请执行人市场风险及其他风险在民事执行阶段的延伸③。对各类终本案件混同管理，客观上误导了当事人对自身风险的认知以及法院责任范围的界限，容易诱发其对法院执行工作的误解。

3. 混同管理模式不利于执行公信力的充分彰显

将纸上的法律转换成现实生活中的公平正义是司法的价值所在，这种公平是实际存在的，具有鲜明的个性特征，绝不同于冰冷的法律条例，

---

① 张欢、朱跃星：《执行不能案件的认定规则》，载《人民司法》2020年第8期。

② 张欢、朱跃星：《执行不能案件的认定规则》，载《人民司法》2020年第8期。

③ 童兆洪主编：《民事强制执行新论》，人民法院出版社2001年版，第18页。

只有这样所有的社会群众才会真正沐浴在法治社会的环境下。[①] 然而，在执行案件中，因当事人所处法律地位的不同，其对公平正义的感受往往存在鲜明的个体差异：就申请执行人而言，全面实现自身债权就是其眼中的正义；而被执行人则要求，不论采取何种强制执行手段都不能对其基本的生存权构成威胁。执行不能案件长久积压在终本案件库中，既不利于盘活僵尸企业的生产要素，促进其平稳、有序地退出市场，维护申请执行人的合法权益；也不利于被执行人的休养生息，确保其在生存权得到保障基础上实现发展权。

（二）终本案件实行分类管理的可行性

1. 执行不能案件与执行难案件的成因不同

执行难是指人民法院对已经发生法律效力的法律文书，由于一些障碍因素的存在，无法使之实现或难以实现的现象。[②] 有财产可供执行是构成执行难案件的重要前提。而执行不能案件是指被执行人无财产可供执行、经执行法院穷尽手段仍不能执行到位的案件。[③] 执行难案件的形成主要源于“后天不足”：执行过程中因执行人员业务能力参差不齐、执行措施单一、执行体制缺陷等因素导致执行进展缓慢、执结率低。而执行不能案件的形成主要归因于“先天缺陷”：案件进入执行程序即发现被执行人没有可供执行的财产，无论采取何种执行措施均无法改变这一结果。

2. 执行不能案件与执行难案件的风险负担不同

执行难案件的被执行人并非没有履行能力，而只是受法院、当事人或其他机关的主观因素的影响，导致生效法律文书得不到顺利执行的情况。[④] 为捍卫生效裁判的法律权威、充分保障胜诉当事人的合法权益，最

① 隋海洋：《论客观执行不能案件的退出》，华侨大学 2017 年硕士学位论文。

② 杨荣馨、乔欣：《民事诉讼程序改革热点问题研究》，中国检察出版社 2001 年版，第 506 页。

③ 刘建国：《分清执行难与执行不能》，载《人民法院报》2018 年 7 月 13 日。

④ 王映雪：《民事执行难困境之破解——以我国信用制度的构建为中心》，厦门大学 2018 年硕士学位论文。

高人民法院向全国人大作出了“基本解决执行难”的庄严承诺。从本质上讲，破解执行难是法院应当肩负的社会责任。而执行不能则是指法院已最大限度地利用了现有的司法资源对被执行人财产进行了依法查控，并经采取限制高消费、纳入失信人名单等必要强制措施，压缩被执行人活动空间后，案件仍然呈现出执行无果的状态。执行不能案件本质上是申请执行人应承担的商业风险、市场风险及法律风险。①

3. 执行不能案件与执行难案件的表现形式不同

最高人民法院在1999年的《关于解决执行难问题的报告》中，将执行难概括为：“被执行人难找、被执行人财产难寻、协助执行人难求、应执行财产难动。”2018年10月发布的《关于人民法院解决执行难工作情况的报告》中，最高人民法院将执行难的主要表现阐述为：“查人找物难、财产变现难、排除非法干预难以及清理历史欠账难。”由此可见，执行难的具体表现形式呈现出鲜明的历史性、阶段性、主观性的特征。而执行不能主要表现为被执行人资不抵债，不能兑现生效法律文书所确认的债权，且看不到其在法定执行期限内有恢复执行能力的可能性。它主要侧重于被执行人的财产能力状态，具有客观性、稳定性的特点。②

4. 执行不能案件与执行难案件的治理路径不同

执行难是人民法院在执行程序中，因受到社会、经济、舆论等诸多因素的非法干预或影响，而使其组织实施执行措施不能或实施的执行措施失去功效，致使当事人的合法权益受到损害、执行秩序遭到破坏的司法现象。③ 因而，切实解决执行难注定是一项系统工程，必须加强综合治理、源头治理、多方协作、多措并举，形成强大合力方能推进案件执行，直至执行到位。而执行不能是因无财产可供执行须由申请人承受的法律风险，如果投入过多精力在此类案件中，不仅毫无实益，还会耗费本应

① 童兆洪主编：《民事执行调查与分析》，人民法院出版社2005年版，第24~29页。

② 董振国：《试论执行不能》，载《人民司法》2002年第5期。

③ 霍力民：《民事强制执行新视野》，人民法院出版社2002年版，第37~38页。

投入到攻克执行难案件上的时间和精力，影响整体执行质效。理性的做法是优化完善现有的程序设计，推进执行不能案件的合理、有序退出，促进当事人权益保障的实质公平。①

三、执行不能案件的认定标准

（一）执行不能的立法梳理

民事诉讼法第 257 条第 5 款规定，当执行案件存在“被执行人的公民因生活困难无力偿还借款，无收入来源，又丧失劳动能力的”情形的，人民法院可以裁定终结执行。在《立结案意见》中，同样规定该情形可以以“终结执行”方式结案。《民事诉讼法解释》第 519 条规定，经过财产调查未发现可供执行的财产，在申请执行人签字确认或者执行法院组成合议庭审查核实并经院长批准后，可以裁定终结本次执行程序。在《终本规定》中，最高人民法院进一步要求对被执行人的财产线索进行详细核查，同时规定了要依托执行网络信息库等大数据信息被执行人的具体财产动态实施实时监控，这与对执行不能的穷尽财产调查措施的基本要件的要求吻合度极高。② 由此可见，无论是民事诉讼法还是相关司法解释，均没有明晰执行不能的概念，反映出其内涵与外延本身具有较大的不确定性。

（二）执行不能的学理解读

在中国知网以“执行不能”为关键词进行检索，仅检索到相关主题论文 26 篇，发表时间从 2009 年到 2020 年，时间跨度长达 11 年。由此反映出这一实务问题并未引起学术界的足够重视，研究探讨的热度、深度

① 王会岸、童曙明、王思淼：《执行难与执行不能的区别与处理》，载《楚天法治》2018 年第 8 期。

② 程浩：《民事执行不能问题研究》，苏州大学 2018 年硕士学位论文。

均呈现出明显的滞后性。即便在为数不多的研究成果中，学者们对于何谓“执行不能”仍莫衷一是，存在较大分歧。

有学者将“执行不能”解释为“客观执行不能”，即在执行案件中被执行人的财产、收入等无法履行生效法律文书确定的义务。① 有的学者又将其称作“不能执行”，强调执行法院在执行程序中已经穷尽执行措施仍无法完全实现执行债权。② 还有学者认为，应根据被执行人的执行能力对执行不能进行区分：被执行人经营状况不好，尚有部分资产可供执行，但不能满足或暂时不能满足生效法律文书所确认的全部执行标的额的实现，称之为“部分执行不能”；被执行人资本运营不良，资不抵债，无财产可供执行，而且在执行期限内看不到有恢复执行能力的希望，称之为“绝对执行不能”。③

笔者认为，执行不能是指由于被执行人的财产能力所导致的案件执行陷入僵局，不为案件当事人、执行法院的主观意志所左右的客观状态；不能执行是指因信访、维稳等案外因素的影响、制约，执行法院难以采取执行措施的一种主观状态。而后者恰恰是基本解决执行难专项行动的总体目标之一。因此，有必要对执行不能作限缩解释，将不能执行的情形排除在外。部分执行不能的提法，人为扩大了执行不能的外延，混淆了执行难与执行不能之间的界限，不利于后者的甄别与有序退出，所以执行不能的正确解读应为“绝对执行不能”。

（三）执行不能案件的构成要件

概念是反映事物特有属性（固有属性或本质属性）的思维形态。④ 在厘清“执行不能”的概念后，可以此为基点，尝试从案件性质、执行标的、执行力度、执行结果等维度勾勒出执行不能案件的具体轮廓。

---

① 陈功：《执行不能的探讨及对策》，载《政法论坛》2018 年第 12 期。
② 王键：《法院痛析“不能执行”》，载《法律与生活》2004 年第 6 期。
③ 董振国：《试论执行不能》，载《人民司法》2002 年第 5 期。
④ 金岳霖：《形式逻辑》，人民出版社 1979 年版，第 18 页。

1. 从案件性质来看，执行不能案件必须是审理终结、进入执行程序的案件

执行不能案件从属于执行案件，所以其必须符合法律关于执行案件的立案标准，方能进入执行程序，这是判断是否构成执行不能案件的先决条件。

2. 从执行标的来看，执行不能案件主要是金钱给付类案件

考虑到执行标的的差异性，可以基于金钱给付、交付财产以及完成一定行为三种角度来划分执行案件。① 因后两类案件的执行标的具体、特定，被执行人通过积极作为即可实现，不存在执行不能的可能。因此，执行不能案件主要表现为被执行人无力履行金钱给付义务。

3. 从执行力度来看，执行不能案件应当是穷尽执行措施的案件

执行穷尽，是指法院依据债权人请求实现的特定内容，穷尽各种方法、措施和途径后，均不能使案件得以有效执行，而债权人也不能提供能够证明尚有执行可能的证据。② 穷尽执行措施是人民法院准确判断被执行人有无履行能力的前提，也是区别执行难与执行不能的重要依据。

4. 从执行结果来看，执行不能案件主要表现为客观履行不能

被执行人没有可供执行的财产是判定执行不能案件的核心条件。有学者从客观真实性角度，将执行不能区分为客观履行不能与虚假履行不能。前者指经当事人举证、质证、法院调查，证实被执行人确无财产可供执行；后者指被执行人转移、隐藏财产、虚拟或扩大负债额，人为制造履行不能的假象。笔者认为，后者已经被最高人民法院确认为“基本解决执行难”所要攻克的目标之一，故而应将其从执行不能案件中剔除。

四、执行不能案件类型化退出的具体路径

当前解决执行难正处于由量变到质变的窗口期、机遇期，执行体制

---

① 江必新：《中华人民共和国民事诉讼法理解适用与实务指南》，法律出版社2012年版，第851页。

② 童兆洪主编：《民事强制执行新论》，人民法院出版社2001年版，第18页。

机制的完善与优化显得尤为必要与迫切。在准确把握执行不能概念、明确执行不能案件构成要件的基础上，应加快构建类型化的退出机制，彻底清除执行积案，打通切实解决执行难的“最后一公里”。这对于从源头上分流减少执行甚至是诉讼案件，及早化解矛盾纠纷，至关重要。

（一）涉“僵尸企业”类执行不能案件——启动执转破程序

人民法院开展执行案件移送破产审查工作，是一次重大的理论创新，也是一次必要和有益的司法实践。[①] 经《民事诉讼法解释》的初步确立、《最高人民法院关于执行案件移送破产审查若干问题的指导意见》的细化完善，“执转破”的制度架构已经完成并已初步显现出实践价值。以深圳法院为例，2017 年 1 月至 2018 年 7 月 31 日，深圳全市法院移送执转破案件 182 宗，破产立案受理 157 宗，宣告破产和终结破产程序 55 宗，累计实现 26945 件执行不能案件的完全退出。[②] 但仍应看到，因制度设计的粗疏、原则以及实践经验的不足，执转破制度在促进“僵尸企业”出清、市场产能优化及供给侧结构性改革等方面的功能尚未充分发挥，有必要从完善执破衔接机制、改良执转破程序的启动模式以及简化破产案件审理程序等方面着手，最大限度地激发其清理执行积案的潜能。

（二）被执行人因客观原因导致的执行不能案件——启动个人破产程序

据最高人民法院统计，全国无财产可供执行案件大约占到全部执行案件的 40%至 50%，其中个人债务在执行案件中占了 70%。[③] 由于出口不

---

① 杜万华：《充分认识执行案件依法移送破产审查工作重要意义》，载《人民法院报》2016 年 12 月 10 日。

② 白甜田、景晓晶：《执转破衔接机制的优化原则与实践完善》，载《法律适用》2019 年第 3 期。

③ 参见最高人民法院审判委员会专职委员刘贵祥在 2019 年 3 月 12 日十三届全国人大二次会议记者会上的发言，网址：http：//hhrxmp. epaper. rmzxb. com. cn/c/2019 - 03 - 12/2309001. shtml，最后访问时间：2020 年 6 月 11 日。

畅，经过日积月累，此类案件数量日益庞大，已经成为法院执行工作的沉重包袱和重大隐患。有鉴于此，2019年2月27日最高人民法院发布《最高人民法院关于深化人民法院司法体制综合配套改革的意见——人民法院第五个五年改革纲要（2019—2023）》，明确提出“研究推动建立个人破产制度”。浙江省台州市中级人民法院率先出台了《执行程序转个人债务程序审理规程（暂行）》；浙江省温州市中级人民法院审理了全国首例个人破产案件——蔡某个人债务清理案，个人破产制度已初露端倪。为兼顾债务人生存权、发展权与债权人债权保护的平衡，有必要在破产自然人的资格审查上坚持“诚实而不幸”原则；限定为企业经营担保的个人，合伙企业、个体工商户等非法人经营性组织以及消费性借贷自然人等为破产对象；明确财产豁免范围为自然人本人及其承担赡养抚养义务家庭成员基本生活费用和主要生产工具等特定财产以及给予1~3年的债务履行豁免期。①

（三）申请人陷入生活困难的执行不能案件——启动执行救助程序

关于执行救助，中央政法委、最高人民法院在1999年至2009年十年间陆续出台了多个规范性文件，直至《最高人民法院关于加强和规范人民法院国家司法救助工作的意见》的出台，执行救助制度才基本定型。在“基本解决执行难”专项行动中，各地法院积极运用执行救助制度破解执行难，取得了一定成效。柳州市两级法院共对541名申请执行人进行执行救助，累计救助金额达593.71万元，取得了良好的法律效果和社会效果。② 吉林省农安县人民法院（以下简称农安法院）探索推行“1+2+3”多元化执行救助模式，仅2015年救助金额就达96.2万元，有效化解了一批

① 陈唤忠：《执转破常态化实施路径优化研究》，载《法律适用》2020年第3期。

② 《柳州强化执行救助既输血又造血》，载《人民法院报》2018年12月2日。

社会矛盾纠纷，执结了一批执行不能案件。[①] 但总体而言，执行救助制度的运用尚处于起步阶段，有必要在以下几方面进行完善。(1) 重构救助对象的认定标准。综合“案件执行不能”与“申请人为特困群体”两方面要素审查救助对象是否适格。(2) 拓宽救助资金来源。改变单纯依赖财政预算作为救助基金的既有做法。建议总结、推广农安法院的做法，吸纳民政、基层政府等主体，构建多元救助格局以弥补资金缺口。(3) 完善救助审批程序。因缺乏明确的程序规范，经办人员在执行救助审批环节不可避免地会出现审查核实简单、随意的倾向，使得本就有限的救助资金捉襟见肘。[②] 应明确由案件承办人对申请提交的材料进行初审，而后经由合议庭合议，最终由审判委员会讨论决定。有必要的，还可以就救助事项组织听证，尽最大可能实现精准救助。

（四）“涉民生”类执行不能案件——通过执行保险机制托底

周强院长在《最高人民法院关于人民法院解决“执行难”工作情况的报告》中，明确提出“推动健全执行救助制度、司法救助保险制度，使更多涉民生案件困难当事人得到救助，切实增强人民群众的获得感”。[③] 各地法院随之纷纷开展执行保险理赔的试点工作。江苏法院积极推进“人民法院+人民保险”的战略合作，截至2019年上半年，全省11家中级人民法院、76家基层人民法院与保险公司签订了战略合作协议。[④] 2019年3月，江苏省东海县人民法院运用该机制对12件涉及劳务工资、抚养费、交通损害赔偿等民生案件、11名符合救助条件的困难执行申请人进行了保险救助，

---

① 《多元化救助破解执行难——吉林农安县法院推行执行救助新模式工作纪实》，载《人民法院报》2016年6月12日。

② 伍晓毅：《执行救助制度的实践与重构——以东莞市第一人民法院为样本》，载《宁波广播电视大学学报》2015年第1期。

③ 《最高人民法院关于人民法院解决“执行难”工作情况的报告》，网址：https：//www.chinacourt.org/article/detail/2018/10/id/3542564.shtml，最后访问时间：2019年5月30日。

④ 详见《人保财险江苏省分公司关于2019年上半年法律类保险工作情况的报告》。

救助金额15.44万元。[①] 在现有实践的基础上可考虑进一步扩大执行保险理赔的适用范围：在适用地域上，可进一步扩大试点范围直至在全国范围内推行；在市场准入上，应逐步放宽经营主体的限制，吸引更多的保险公司参与承保；在保费来源上，保险公司可探索设计公众自愿缴纳保费、投保“执行不能保障险”的新模式，进一步降低执行不能的风险。

（五）恢复履行能力的执行不能案件——终结执行程序的逆转

通过“执转破”“个人破产”“执行救助”以及“执行保险”等机制加速执行不能案件退出，不仅有利于保障权利人的合法权益，而且也避免了法律的安定性长期处于不确定的状态。如前所述，“被执行人缺乏履行能力且无恢复的可能”是适用上述机制的前提，但该事实的审查主要是基于执行人员的主观推断。在当今市场经济条件下，获得财富的方式除了劳动报酬之外，还包括接受赠与、继承遗产、购买彩票偶然取得等其他方式。被执行人恢复履行能力与否具有不确定性和偶然性。[②] 在执行不能案件的被执行人恢复履行能力时，应继续对其采取执行措施：宣告个人破产的被执行人应当如实申报财产，同时应征求债权人意见，明确其在破产后一定期限内财产达到一定数额的，仍应清偿之前的债务；[③] 通过执行救助终结执行的案件，应从后续执行款中扣除相应部分补充到救助资金库中；执行保险的保险人在履行代偿义务后，也存在向被执行人进行追偿的可能。

结　语

随着“切实解决执行难”目标任务的确定，执行体制与机制改革逐渐进入深水区，执行工作面临的问题与挑战愈加复杂、尖锐。“混同式”

---

① 《用执行救助保险破解执行死结》，载《中国保险报》2019年9月17日。

② 钟向军、夏立群、贾云卫：《执行终结后逆转问题研究》，载《执行工作指导》2012年第2辑。

③ 《推行个人破产制度需严把诚信关》，载《经济日报》2019年10月14日。

的终本案件管理模式因其固有的弊端，已经无法适应实践需求与群众关切。根据案件类型的不同，对终本案件进行分类管理，势在必行。透过理论与实践的双重检视，明确执行不能的概念及其构成要件，根据个案差异，通过“执转破”、个人破产、执行救助、执行保险以及逆转执行等不同路径，推进执行不能案件的规范有序退出，提升司法资源的匹配度，是全面实现“切实解决执行难”目标任务的必然选择。

防范与救济：公司控制人规避执行审查与惩戒规则构建

——以善意执行理念下惩戒措施分级分类为视角

陈明灿*

内容摘要：执行程序中对公司享有支配与控制权主体相关行为的认定缺少精确的判辨机制，在强制措施适用上亦欠缺规范性。究其原因在于，反规避执行识别标准尚未系统化，公司法人人格否定在执行程序中被过度适用，导致“审执不分”“以执代审”现象频出，对企业商事自治造成侵扰。同时，对属于案外人范畴的公司控制人过错认定偏严，执行措施亦缺少谦抑性。欲期纾解以上困局，需平衡公司自治权利与各利益主体间的利益冲突。在审慎权衡的基础上将债权人中心主义与商事宽容理念糅合共融，形成系统化的规避执行识别标准与宽严相济的惩戒体系。构建类型化、级别化的容错与信用修复机制，克制司法权对商事自治的干预，营造良法善治的氛围，做好企业家精神的“守夜人”。

本文在宏观指导思想上，提倡在将企业家容错理念与执行程序无缝衔接，将保护企业家精神全面嵌入到执行程序中，以善意、谦抑的执行理念处理涉企案件，统筹权衡政策、利益、价值等因素，合理约束执行权主观扩张限度。在微观实践机制上，在执行涉及公司控制人的涉企案

---

* 江西省宜春市中级人民法院研究室副主任。

件中，构建类型化、精确化的识别与容错机制。同时，严格区分公司自治与规避执行界限，对属于规避执行范畴的行为予以分级分类惩戒并建立相应的激励与修复机制。

关键词：公司实际控制人　善意执行　容错　规避执行

法治是最好的营商环境。近年来，最高人民法院相继出台《关于营造更好发展环境支持民营企业改革发展的意见》《善意文明执行意见》，提倡规范执行、谦抑执行理念，为企业发展营造良好法治氛围。司法权的不当干预无疑会对营商环境造成负面影响。当前，执行程序中存在不少侵扰公司及企业家正当权益的现象，如违法追加公司控制人①为被执行人、滥用限制高消费与失信惩戒措施等。如何在善意执行理念下实现反规避执行与保护企业家精神两者间的互利共生？如何在公司自治范畴与司法介入限度间寻找平衡点？如何构建对企业家容错规则与分类惩戒机制？这些问题亟须引起重视。

一、初探：执行程序中对公司控制人识别与惩戒实证考察

本部分以J省Y市法院② 2016—2020年间翔实的实证数据为参照样本，通过研判相关案例分析归纳执行程序处置涉企主体存在的问题。

（一）对公司控制人的惩戒措施存在“矫枉过正”

经甄别筛选，2016—2020年间J省Y市辖区11家法院涉及公司主体的案件有23263件，而这其中对公司控制人采取强制措施的案件总数为8469件，占比达36.45%。而这8469中有1389件涉及适用信用惩戒，有463件涉及违规变更追加被执行人，有556件涉及干涉、限制公司自治行

① 本文所称的公司控制人包括董事、监事、控股股东、实际控制人等能够对公司公司经营和重大事项是否具有支配权力的自然人、法人或其他组织。

② Y市位于J省西北部，下辖1区6县及3个县级市，人口近700万。该市近五年案件总数在J省位居前三。

为，有678件涉及罚款、拘留措施。

通过对上述案件汇总、归类可知，针对公司及其控制人的执行措施在适用环节缺少规范性，法官自由裁量权过大，一定程度上干扰了企业正常运营。图1反映了4年来Y市法院涉及公司控制人执行裁决、监督案件、撤销发回率及信访比例。

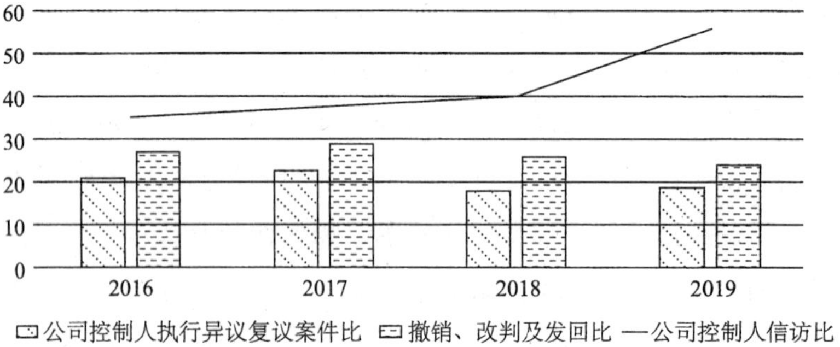

图1　公司控制人执行审查与信访情况

执行信访与监督案件数的增长态势凸显出执行程序在处置公司控制人环节上存在着识别失范、惩戒失衡的问题。执行强制措施适用不当可能导致公司控制人合法权益受损，进而对法治化营商环境的构建产生影响。

（二）对公司控制人审查裁判争议现象“层出不穷”

表1列举了Y市辖区法院三件涉及公司控制人的执行案件，分析了案件事实及处置结果，涉企案件执行实践中对公司控制人的处理程序尚不规范，承办法官在事实认定与执行措施适用层面争议颇多。

表 1　争议案件展示

序号	执行法院及案号	案件名称	案件事实	处置结果	小结
1	宜春市中级人民法院（2018）赣09执193号	宜春某建设公司与广东百合公司建设工程合同纠纷执行一案	被执行人广东百合公司控制人廖某在立案执行前将其法定代表人身份进行变更	对变更后的法定代表人丁某采取限制高消费措施，与公安部门协商对该案予以移送拒执罪处理	在执行公司主体案件时，对公司控制人相关行为的审查认定标准以及强制措施适用层面存在较大的争议
2	宜春市中级人民法院（2020）赣09执11号	山东某新能源公司与江西某电池公司买卖合同纠纷执行一案	被执行人公司控制人蒋某在执行程序中变更其法定代表人身份	认定变更行为属于正常商事自治范畴	
3	江西省奉新县人民法院（2019）0925执307号	宜春某小贷公司与江西为邦公司股权纠纷执行一案	公司控制人刘某持股比例达98%，在立案执行前变更其法定代表人身份	对公司控制人刘某采取限制高消费措施，并追加其为被执行人	

在中国裁判文书网以“公司控制人”“信用惩戒”为核心词条，以2015—2020年为区间，共收集判文书578份。经筛选，有效样本为497份，通过分析发现，在处置公司类案件时，人民法院对涉案公司幕后控制人的行为识别、过错认定及惩戒措施运用方面存在不同认识（见表2、表3、表4）。

表 2　行为认定争议

争议裁判类型	案号	主要裁判观点	其他同类观点裁判
惩戒范畴层面：限制还是扩张	广东省高级人民法院（2019）粤执复 509 号	只要符合作为被执行公司的法定代表人、主要负责人、影响债务履行的直接责任人、实际控制人等特定身份中的任何一种，就可以对其采取限制消费措施。因此，可以认定李某为影响本案债务履行的直接责任人员	（2019）鲁 0304 执异 69 号、（2019）浙 10 执复 11 号、（2019）云 0111 执异 374 号、（2020）云 0111 执异 22 号（2019）云 0111 执异 409 号等 77 份裁判文书
	广州市中级人民法院（2019）粤 01 执异 98 号	在执行中，对原来担任过相关职务或者曾经是公司实际控制人，但已经不再担任上述职务的，不应一律纳入限制高消费的范围	（2018）冀 06 执异 29 号、（2017）粤 0106 执异 43-45 号、（2019）粤 0106 执异 580 号、（2019）粤 0106 执异 580 号等 68 份裁判文书

表 3　惩戒范畴争议

争议裁判类型	案号	主要裁判观点	其他同类观点裁判
行为认定层面：属于规避执行还是公司自治	广东省高级人民法院（2019）粤执复 946 号	刘某现在已不是华厦公司的法定代表人，自然也不能对债务履行产生直接影响或起到督促债务履行的作用，故该院仍对华厦公司的原法定代表人刘某采取限制高消费措施不当，依法应予撤销。	（2017）川 04 执异 6 号、（2019）粤 01 执复 791 号（2019）辽 02 执复 410 号等 119 份裁判文书
	北京市高级人民法院（2019）京执复 241 号	北京市第二中级人民法院对资合实业公司采取限制高消费措施之前其已不再担任资合实业公司的董事，且已经退休，不能代表该公司，但是其变更行为是发生在执行程序开始之后，涉嫌规避执行。故该行为属于规避执行行为，应当予以惩戒	（2019）粤 0604 执异 72 号、（2019）豫 0181 执异 96 号、（2019）川 0903 执异 17 号、（2019）豫 0181 执异 96 号等 108 份裁判文书

表 4　审查限度争议

争议裁判类型	案号	主要裁判观点	其他同类观点裁判
审查限度层面：进行实体审查还是形式审查	广东省高级人民法院（2019）粤执复 509 号	除非有明显的证据证明公司相应商事行为属于恶意规避执行，否则不得在执行程序作出相关认定。深圳市中级人民法院在执行审查过程中过度适用实体审查权限，从而错误认定原公司法定代表人为影响债务履行人	（2018）辽 02 执异 838 号、（2019）鲁 02 执异 274 号（2019）津 02 执复 47 号（2019）鲁 01 执异 636 号（2019）新 02 执复 5 号等 67 份裁判文书
	郑州市中级人民法院（2018）豫 01 执异 188 号	对公司实际控制人规避执行的反制，执行法院可进行实体审查。主要是通过执行力主观范围的扩张，即变更、追加被执行人的方式来实现。本案被执行公司的实际控人韩某采取关联交易、财产混同等方式恶意转移财产、规避执行的，执行法院可以通过依法变更追加被执行人	（2017）青 01 执监 8 号、（2018）晋 03 执复 54 号、（2019）粤 05 执异 18 号、（2018）晋 03 执复 54 号、（2019）苏 04 执异 2 号等 58 份裁判文书

分析上述争议类型可知，执行程序对公司控制人行为的审查认定标准、限度存在两级分化表征。

（三）公司自治受限与企业家合法权益受损现象“层出不穷”

为杜绝规避执行，执行法官会采取相应的惩戒措施，但应加强监督与制衡。（见图 2、图 3）。

二、寻根：执行程序对公司控制人审查与惩戒机制运转失灵之洞察——理论争鸣

执行措施背后蕴含着司法裁判者的法律思维与价值判断，公司控制人有关行为究竟是划归于商事自治领域抑或是规避执行范畴取决于执行

法官在价值理念上的审慎判断。不同的价值观念衍生不同的判断标准，而不同的判断标准产生不同的裁判结果。

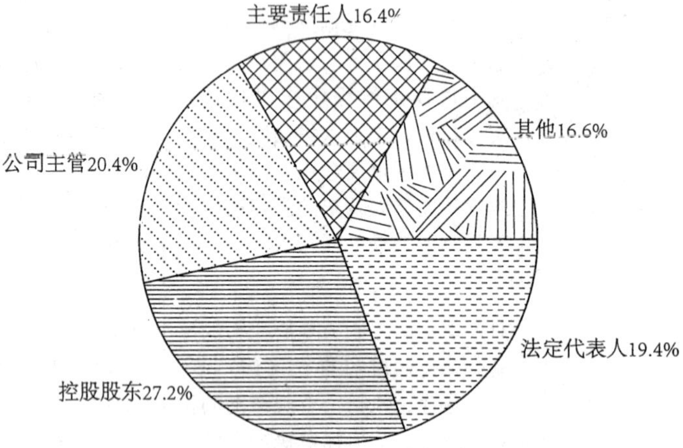

图 2　执行惩戒措施适用对象

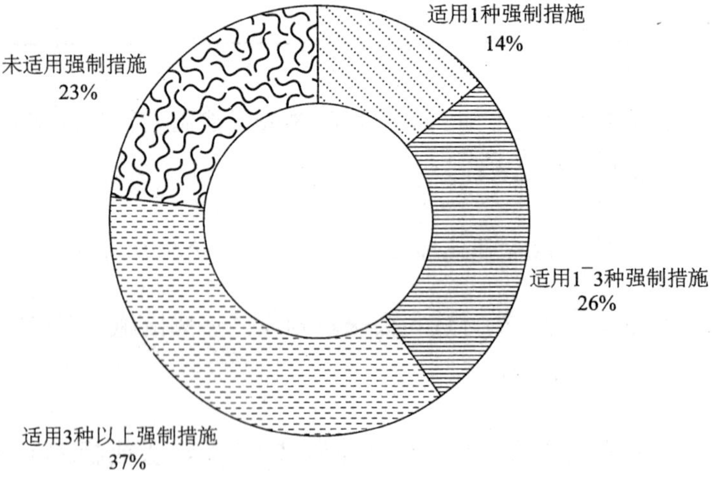

图 3　惩戒措施适用对象身份

（一）反规避执行模式下执行力主观扩张与“规制缓和”理念下的保护企业家精神存在摩擦与碰撞

不可否认，规避执行已成为执行质效滞后的主导性因素。部分实务界观点认为，对公司控制人规避执行进行反制是防止权力滥用的迫切需求。公司控制人可借助于自身对公司的支配力和影响力来操控公司运营。由此应当在执行程序中以“法人人格否定”的形式，实现对公司控制人规避执行的制约。执行权性质上涵盖司法权与行政权的双重特征，故执行法官理应被赋予相应的实体审查权。这既是破解执行难的现实需要，也是合理配置司法资源、保障程序正义的内在需求。[①] 在执行程序中引入“揭开公司面纱”理念，将公司控制人明确列为责任主体，针对执行权主观范围加以扩张，明确合理的准入条件和操作规范。[②]

“规制缓和主义”源于日本。关于“规制”的含义，《日本国语大词典》有两层解释：一是应遵循的规则；二是遵照规则予以限制。[③] 20 世纪 80 年代以来，英美国家涌现大规模“规制缓和”思潮。所谓“规制缓和”指的是政府放宽对产业的各类限制，扩充市场开放度，给民间经济主体以更广泛的自主选择。[④] 伴随我国改革开放进程的发展，现有规制妨碍了资源合理分配，削弱了产业活力，丧失了其本应有的价值。[⑤] 而司法层面的规制实质上是司法权对公司自治权利的干涉与限制。卡尔·斯米特提到，从法治角度看来，所有对私人领域的国家干预都应被视作例外，这种干预原则上是适度的。[⑥]

最高人民法院出台的《关于充分发挥审判职能作用为企业家创新创

---

① 王守春：《公司实际控制人规避执行之反制——从执行权主观范围扩张的角度》，载《学术交流》2017 年第 10 期。

② 冯振亚：《公司控制人规避执行的主要样态及破解路径》，载《人民法院报》2018 年 12 月 9 日。

③ ［日］古城城：《日本规制缓和的理念和到达点》，载《法学家》1998 年第 8 期。

④ 殷晓红、程春梅：《日本政府规制缓和的现状分析》，载《生产力研究》2003 年第 5 期。

⑤ 俞亮：《论行政干预与警察权规范行使》，载《公安研究》2011 年第 8 期。

⑥ 孙晓莉：《缓和行政规制 推进共同治理》，载《社会科学》2002 年第 8 期。

业营造良好法治环境的通知》，体现了保护企业家精神。企业家精神的有效发挥关乎中国经济增长的可持续性，也依赖于法治环境的优化与完善。然而，通过检视司法权对商事自治的现实抑制与实然冲击，不乏呈现出越位滥用的表象特征。例如，执行程序中以涉嫌规避执行为由，用司法手段限制企业法定代表人变更，对企业市场经济活动僭越介入，对企业家人身财产予以非法控制，这固然有损司法公信与企业生存根基。①

（二）商事宽容理念价值取向与债权人中心主义存在倾向性分歧

商事思维主要表现为重视鼓励交易，维护契约自由，推崇商事交易的确定性、时效性和可预见性，强调利益权衡理念。从法院审判执行角度来看，就要求司法权对公司自主经营、自主决策和专业判断给予足够尊重。② 同时，加大对企业家主体合法权益的保护力度。

商事理念为执行程序进一步拓展能动领域和强化司法导向作用指明了方向。在商事案件执行中，基于审执分离的定位要求，执行法官应恪守界限，不过度推定商主体是否具备从事商行为的知识、经验、能力、主观性等；应秉持中立态度，不任意主观推断相关商事行为背后的真实意图，在决定是否依职权查明相关事实时则更需慎重，从而杜绝越俎代庖、以执代审的现象。

相比较而言，民事执行更多体现出对债权人利益无微不至的关怀，具有强烈的债权人中心主义色彩。其不排斥通过司法职能干预手段介入商事自治领域，优先保障生效裁判既已确定的权利义务关系。对债权人阶层利益的保护成为追求公平的主要形式，这种保护具有普遍性和一般性。在普通民事案件尤其是涉民生案件执行中，需充分考量社会伦理道德等因素。故尤其注重对弱势群体一方在实体正义层面的保护。此种情

① 范鑫：《企业家精神的商法培育目标、进路与法治回应》，载《山东行政学院学报》2020年第1期。

② 童列春：《论民法与商法的区别》，载《武汉理工大学学报（社会科学版）》2016年第29期。

形下，法官应当依职权介入调查被执行人是否存在规避执行事实，并在此基础上作出更加合乎实质正义标准的裁判。[①] 因此，着眼于提升执行质效与防范规避执行的需求，应在执行权主观范围上进行扩张，适当扩充实体审查范围，竭尽全力实现债权人利益需求，实现实体正义。此为债权人中心主义价值观在执行程序中的直观映射。

三、解惑：谦抑执行理念下公司控制人行为识别与惩戒机制之形塑与融合

归因于制度性保障的缺失，企业家群体正当权益的保障在执行程序中时常处于“不安”状态。鉴于此，在宏观价值理念上对公司控制人行为识别与惩戒应当抱着宽容、谦抑的态度，营造良法善治的司法氛围。这既与党中央提倡的保护企业家精神内涵相吻合，也是遵循善意执行理念的内在要求。

（一）利益衡量视角下的债权人中心主义与公司自治融贯思维之格局构建

利益衡量最初作为一种法律解释进入学界视野中，随着学术界对其认识不断深化，该理论在司法实务中的现实运用愈加成熟，其不再只是法律解释的工具，而已然升华为法官定分止争的裁判手段。执行商事类型案件时，固然需适用利益衡量规则对各类价值加以考量，以期得出理想的利益分配模式。因此，践行利益平衡原则就是对价值作出一个合理判断。执行程序中适用“公司法人人格否定”规则的必然后果就是扩充实体审查权的深度与广度，以实现对公司控制人规避执行的有力约束，此举无疑会冲击正常商事交易秩序。然而，公司控制人与申请执行人均为公司的利益主体，执行程序中对双方利益进行恰当取舍与衡量才能实现互利共赢之格局。在双方利益冲突时，应统筹、审慎衡量各类主体利

① 江必新：《商事审判与非商事民事审判之比较研究》，载《法律适用》2019 年第 15 期。

益诉求，充分考量执行措施的合法性、合理性，尽可能谋求多方共赢的执行策略。

商事行为具有“持续性交易”的显著特征，故处置涉企案件需权衡考量多元主体的利益取向。对比而言，民事案件则体现出点对点的静态保护，它的价值判断纬度比较单一，执行法官时常以最大限度实现债权人的利益作为刻度标准；[①] 基于商事行为的特殊性以及公司自治领域的“排他性”，执行法官要想精准鉴别公司控制人相关行为是规避执行还是正常商业运营决策手段，需折中衡量不同利益后再作出合理的取舍。对于企业家的行为既不可过于苛刻，动辄认为该行为势必会影响公司的有效决策与运营；也不能过分宽松，缺乏约束将会严重侵害申请执行人及相关债权人合法权益。

对法律价值的评析不应只局限于逻辑推理，而应更多着眼于经验累积。对企业家相关行为的审查涉及公司自治与司法干预之界限划分，以及申请执行人与案外人两者间发生冲突时该如何实现利益共融与平衡。立足于多维视角，通盘统筹考量社会经济政策、法律价值底线、主体利益需求，这将有助于我们得出解困路径。

基于商事理念要求，执行权对公司自治权益需进行适当让渡。但这种让渡的界限应当明晰化、标准化，至少不能逾越执行程序的基本立场。赋予执行部门有限实体审查权，其目的不外乎杜绝公司控制人借助公司自治这一合法外衣肆意从事有损公司利益、侵犯债权人合法权益之行为。因此，在遵从私法自治的基础上，国家应当对公司自治“越界”行为予以必要司法干预。在尊重私法自治与司法干预之间实现界限间的守恒。公司自治区别于公司自由、无约束的自我管理，应在法律调控下实现自我管理。[②] 司法权理应在运行中探寻商事自治与申请执行人利益保护间的平衡点，发挥司法行为之引导功能，塑造诚信的营商氛围。同理，商事案件执行中需审慎适用执行惩戒措施，实现执行手段与社会效果、法律

---

① 郑彧：《民法逻辑、商法思维与法律适用》，载《法学评论》2018 年第 4 期。

② 朱慈蕴：《公司章程两分法论》，载《当代法学》2006 年第 5 期。

效果的无缝衔接。①

（二）善意执行理念下商事宽容思维与执行力主观扩张之深度糅合

遵守商事自治理念，构建效力从宽认定规则，是商事宽容理念的基本要求。然而该规则在执行实践中却没有得到较好的适用与推广。这要归因于当前司法实务中还未将商事案件执行思维与传统的民事执行理念区分开来。对比民事行为而言，商行为的专业性更为突出，企业家的决策大都基于充分考量风险与收益的条件下进行的理性决断。故处置商事类型案件中，司法权应尽量避免过度介入。首先要修正一种观念，即任意以司法裁量取代商主体专业、自主的决断。商事习惯自身兼有规范交易秩序与约束商主体行为的作用，因此，执行法官原则上应当遵从公司及企业家的交易习惯。良好的法治环境是保护企业家创新热情的“稳定器”。② 商事案件执行中应弱化职权干预，执行法官应遵循商法的逻辑来思考，非特殊情况不得对公司及企业家等相关主体行为背后的深层次目的加以过度推测与认定，审慎采取强制措施，防止机械执行，保持适度司法克制。执行法官应当遵循体现生效法律裁判的逻辑与精神，杜绝执行法官以非专业的、事后的主观臆断作出逾越权限的裁决。合理规范约束执行法官的自由裁量权，防止其随意介入商事自治范畴，侵犯案外人权益。

（三）谦抑执行模式下企业家容错思维之均衡应用

谦抑执行是执行工作现代化的一种理想状态，是以实现社会利益和个人利益共赢、秩序价值和个人自由价值和谐共生的治理活动。③ 容错程序的构建与应用是谦抑执行的必然选择，亦是法治建设的智慧结晶。在

---

① ［美］理查德·波斯纳：《超越法律》，北京大学出版社2016年版，第98页。

② 孟亚新：《激发和保护好企业家创新精神》，载《新华日报》2020年3月10日。

③ 江必新：《国家治理现代化背景下的善意执行》，载《中国应用法学》2017年第1期。

认识论角度来说，人类的认识是不断从感性到理性的过程。一方面，理性的认知与观点也并非绝对的真理，依然存在瑕疵的可能。正如哈耶克所言："在安排社会事务方面，我们必须认识到，即使当我们相信自己已然理解了理性发挥作用方式的时候，我们的理解仍有可能发生错误。"① 另一方面，不断发现错误并予以更正的行为就是理性认知的真实写照，由于认知的局限性客观存在，极可能造成实践中的误导。故此，承认理性认知的价值局限，并构建和实施公司及企业家容错免责机制具有法理层面的规范性与合理性。②

在执行工作中，应当遵循"容错、保困、不赦罪"的理念。所谓容错，就是以宽容的态度去对待企业家在商事活动中部分非原则性错误；保困，就是保护暂时陷入困境但有发展潜力的企业；不涉罪，就是稳妥处置市场主体及企业家涉嫌犯罪的行为。这就要求执行法官审慎而灵活地处置涉企执行案件，为市场主体营造良好的经济发展和法治环境。同时，要以发展的眼光客观看待公司及企业家在经营过程中出现的问题，严格遵循宽容、谦抑理念。这既有深厚的理论根源性，也有高度的现实合理性。

四、破局：公司控制人容错规则构建与惩戒修复程序之重构

被执行公司与其控制人是独立个体，两者在公司事务中不可避免地会有所交集，存在行为与结果上的关联。但公司失信行为并不当然为公司控制人主导。执行审查中，对公司控制人是否存在规避执行的事实认定需进一步标准化，适用容错机制的范畴、条件等要素应予以明晰化。保障容错认定的程序正义，健全容错免责机制的配套救济措施，并在此基础上完善对恶意规避执行主体的惩戒体系。

---

① ［英］哈耶克：《自由秩序原理（上）》，邓正来译，三联书店 1997 年版，第 44 页。

② 谭九生、胡伟强：《实施容错免责机制的法治意蕴及其建构路径》，载《湖南社会科学》2018 年第 6 期。

（一）在宏观理念层面树立公司控制人容错机制的价值定位

风险性、不可预测性是商事活动的显著特征，执行程序中对企业家主体适用相应的容错豁免机制具有现实意义。公司董事、高管的权力行使范围有严格的边界，过重的法律责任会导致公司控制人权责失衡，损害其积极性与创新性。笔者认为，在司法领域可允许公司控制人、高管等企业家主体在一定条件下试错容错。对公司控制人予以适度容错是为了鼓励企业家的创造性和冒险精神，打造良好的营商环境。

执行程序中企业家容错的界限在于强制措施的正当性和随意性、对法律的遵从、在企业家与申请执行人利益保护之间应当有明晰的标准与限界。容错的范畴认定不可或缺，何种错误能够宽容，何种错误不可豁免，诸如此类问题都需要法律进行原则性或规则性的处理和认定。① 执行程序中，应规范约束执行法官在容错程序中自由裁量权行使的边界与范围，及时对容错制度的漏洞予以补强，在宏观上指导容错程序规范运转，充分保障各类主体间利益分配的均衡态势，将企业家容错机制的基本价值定位划分为合法性、合理性、程序正当、比例恰当。

第一，合法性是容错机制所必须遵循的首要基本理念，这就要求容错情形不得违反法律规定。容错机制的价值底蕴与良法善治的精神内涵息息相关。如果对违反法律的根本性规定的情形予以容错，这将对法律的权威性造成严重削减。第二，合理性。对容错的情形进行考量时，需要审视涉案企业家在执行过程中对公司事务处理时的主观意图、方式、行为是否合法且不违背比例原则。第三，程序正当也属于应当考量的范畴，程序正当要求容错机制的启动和运行的过程要符合法定程序，确保对容错事项的识别具备程序正当性。第四，为防止权力滥用，执行程序容错的范畴也需符合恰当比例，主要是强调法官要根据违法主体的主观恶意程度、行为后果、申请执行人谅解等情形予以综合考虑后予以处置，

① 胡杰：《容错纠错机制的法理意》，载《法学》2017 年 3 期。

确保执行法官对公司控制人容错的具体事项、程序及适用标准进行了充分而全面的考量。

（二）在微观架构层面建立对善意公司控制人容错审查机制

1. 科学构建执行程序公司控制人容错审查流程

公司控制人容错程序架构设计与机制运行中应具有规范、高效的特征，整个流程的运行既要在实体上保障公司控制人的正当权益，又要在程序上实现公正与效率的有机统一。具体包含四个环节，即初步审查、深入调查、认定反馈、监督救济，上述四个环节互为衔接，步骤明晰，执行法官可根据具体案情予以处理。

第一，初步审查。此环节关乎是否启动容错程序，执行法官将对公司控制人所提交的证明、陈述等材料进行初步识别，剔除明显不符合容错豁免条件的事由。第二，深入调查。完成第一环节后，承办法官认为案情较为复杂需进一步审查的情况下，应当及时以听证的形式对有关证人证言、案件事实进行实体审查。第三，认定反馈。由执行部门按照法律程序根据审查的事实并结合公司控制人的主观过错意图、客观行为后果等因素予以综合考量，最终作出认定。对于符合容错条件的公司控制人予以附条件豁免，如屏蔽失信名单、解除限制高消费等。第四，监督救济。赋予公司控制人及相关利害关系人享有对执行法院处置结果不服而进行的救济途径。该环节的价值内涵在于规范容错机制运行，促使法官谨慎启动容错程序并对整个流程运转予以监督，通过异议、复议形式保障容错机制的程序公正。

2. 合理确定执行程序容错豁免范畴，建立分级分类容错标准

在执行程序中，需形成规范化、体系化的公司及企业家过错认定规则，甄别恶意规避执行和公司商事自治行为之间的差异性，并对豁免的具体事项予以精确化，建立分级分类容错免责体系。

第一，一级容错。该行为主体无过错或者过错情节显著轻微，未对债权人利益造成实质性损失。非特殊情况可以直接免责。其内容主要包

括：被执行企业基于经营需求而变更法定代表人、客观因素导致未按报告财产令要求申报财产、因生活与经营所迫且系初次违反限制高消费行为等。第二，二级容错。该行为主体存在一定程度上的主观过错，对债权人利益造成了些许侵害，且行为特征有规避执行之嫌，执行法官需查清有关事实并结合相关法规进行全方位的审查认定，以决定是否附条件予以适度的宽容。其内容主要包括：公司控制人对执行法院开展财产调查报以消极不配合态度（初次）、个人与公司财产混同（轻度）、公司股东故意延缓出资期限等。第三，三级容错。属重度容错，该主体错误程度极高，主客观层面均存在严重过错。其内容主要包括：公司控制人故意隐匿公司财产且拒不交还、采取虚假或关联交易恶意转移公司资产而无法追回或拒绝赔偿、与第三人恶意串通帮助被执行人企业逃避债务等。针对该类严重违法行为，原则上不应启动容错程序。如需启动则需合议庭审慎讨论决定，并报分管院领导批准（见表5）。

表5　容错级别

容错级别	过错程度	行为性质	处置方式	审查形式
一级	无过错或显著轻微	正常商事行为或轻微违法	豁免	承办法官进行书面形式审查
二级	较严重	违法	附条件豁免	召集当事人及有关人员进行听证，予以有限实体审查
三级	严重	严重违法或涉嫌犯罪	原则上不予豁免	进行全面的实体审查，合议庭讨论后审慎决定处置结果，并报分管院领导批准

（三）对控制人恶意参与规避执行建立惩戒与附条件修复机制

执行程序也需彰显宽严相济、兼顾法理与情理的司法情怀。根据公司控制人规避执行的严重程度、性质及影响不同，有针对性地采取分级分类的执行惩戒措施。选取较为有效的执行手段，严格按照法律规定适用执行惩戒措施。同时，对有积极履行意愿及能力的公司控制人适用附条件的信用修复机制。

结　　语

在执行涉企业案件中，如何精准识别恶意规避执行与商事自治是一个亟须解决的司法难题，两者间的范畴还不清晰，极易混淆。要突破这一“瓶颈”需以宽容谦抑的价值理念为指引，多角度、全方位考量各类主体利益需求。同时，将法理思维和经济政策深度融合，加强对企业家善意商事自治行为的保护力度，营造良好营商环境。

【调研与实证】

现状调查：实践困境与优化路径

刘慎辉* 李 飞**

内容摘要：执行实践中，因为对拍品现状调查不充分而导致司法拍卖被撤销的案例时有发生，严重影响执行公信力。而现状调查法律规定的制度供给不足、参照标准缺乏是造成现状困境的主要原因，执行法官视现状调查为“雷区”。为此，应当从现状调查的困境入手，把握现状调查的特征，全面梳理现状调查的具体内容，探索集约化、专业化、清单式、条目式的现状调查方式方法，通过调查事项清单，为执行人员进行现状调查提供标准化的流程指引。

关键词：现状调查 现场查封 调查事项清单 专业化团队

将查封、扣押的财产变价为一定数额的金钱是金钱债权执行中对非一般等价物的执行标的物处理的必经环节。① 据统计，每年全国法院的执行财产价值约6000亿元，其中有相当一部分要通过司法拍卖的途径予以变现。② 在司法拍卖程序中，对拟拍卖的执行标的物进行现状调查是第一

---

* 江苏省徐州市中级人民法院党组成员、副院长。

** 江苏省徐州市中级人民法院审判管理办公室主任，审判委员会委员。

① 肖建国：《中国民事强制执行法专题研究》，中国法制出版社2020年版，第144页。

② 张根大、何东宁、詹晖：《〈关于人民法院网络司法拍卖若干问题的规定〉的理解与适用》，载《人民司法（应用）》2016年第31期。

环节，也是执行实务中公认的难题。这一难题集中反映了执行法官对执行标的物进行现状调查缺乏参照标准的问题。如何吃透现状调查特点，为执行法官进行现状调查提供较为完备的参照，从而降低现状调查门槛，成为摆在司法拍卖程序面前的突出问题。

一、当前现状调查环节的难点及原因

执行法官普遍反映，现状调查环节具有极强的专业性，而现行法律、司法解释对现状调查环节的规定过于笼统，缺乏可操作性，对司法拍卖形成了很强的制约。在调研座谈中，我们了解到，执行法官们反映的难点如下。

一是现状调查查什么。《最高人民法院关于人民法院民事执行中拍卖、变卖财产的规定》（以下简称《拍卖变卖规定》）第 7 条规定："执行人员应当对拍卖财产的权属状况、占有使用情况等进行必要的调查，制作拍卖财产现状的调查笔录或者收集其他有关资料。"根据《最高人民法院关于人民法院网络拍卖若干问题的规定》（以下简称《网拍规定》）第 6 条第 1 款第 2 项规定，实施网络司法拍卖的，人民法院应当查明拍卖财产现状、权利负担等内容，并予以说明。从上述规定来看，现状调查内容包括拍卖财产权属情况、占有使用情况、财产现状、权利负担等内容，但这些内容过于原则，没有形成统一标准和规范性要求，但由于我国财产类型的多样化、流转的快速化等问题，导致财产调查内容的复杂化，进而在执行实践中呈现主观化特征。实践中，执行人员由于受自身工作经验、业务素质、法律意识等多方面因素影响，对现状调查存在凭借办案经验以及惯例开展工作，造成现状调查情况不规范、不全面，时常存在遗漏、错误以及不完备之处。拍卖前的现状调查审查程序过于简单，进而造成拍品信息披露不全或存在瑕疵未告知等，导致成交后出现争议。① 个别执行法官听凭内心感受，存在随意适用、滥用的风险，这也

① 柯橙川、鲍罗亭：《创新司法拍卖工作机制的调研和思考》，载《执行工作指导》2015 年第 1 辑。

是司法实践中各方当事人关注的焦点。

二是现状调查怎么查。民法典第209条规定："不动产物权的设立、变更、转让和消灭，经依法登记，发生效力；未经登记，不发生效力，但是法律另有规定的除外。依法属于国家所有的自然资源，所有权可以不登记。"第224条规定："动产物权的设立和转让，自交付时发生效力，但是法律另有规定的除外。"由此可见，不动产物权公式方式为登记，动产物权公式方式是占有或交付。物权公示的法律效力在于权利的正确性推定，即纳入公示的权利假定为正确权利，这也是执行程序中控制被执行人财产的重要依据。《最高人民法院关于人民法院民事执行中查封、扣押、冻结财产的规定》第2条规定："人民法院可以查封、扣押、冻结被执行人占有的动产、登记在被执行人名下的不动产、特定动产及其他财产权。未登记的建筑物和土地使用权，依据土地使用权的审批文件和其他相关证据确定权属。对于第三人占有的动产或者登记在第三人名下的不动产、特定动产及其他财产权，第三人书面确认该财产属于被执行人的，人民法院可以查封、扣押、冻结。"执行法官可以依据财产登记状态或占有状态这种外在的权利形态，以权利推定规范为基础，识别执行标的的权利归属。[①] 以上规定明确了财产控制时的外观主义判断规则，但对财产变价进行的现状调查能否依据该原则判断权属并无明确规定，同时对如何进一步调查财产权属亦缺乏明确规定。尽管民事诉讼法规定了案外人异议、异议之诉制度，但是多种因素导致真正权利人在变价前未必了解财产控制、变价等情况，使一些案件在司法拍卖成交后被提起异议、信访，严重影响司法拍卖公信力。此外，财产类型的多元化问题，以不动产为例，农村集体土地使用权包括农用地、农村集体建设用地、未利用土地等，在农村集体建设土地上的不动产有农村宅基地、乡镇村企业建设用地、交通水利建设用地，甚至还有违章建筑。这些不同性质的土地使用权及其附着物的现状调查，应当从哪些角度入手；面对眼花缭乱

① 乔宇：《强制执行前沿与热点问题》，中国法制出版社2020年版，第171页。

的财产现状，是否无遗漏进行调查以及如何确保无遗漏；向谁调查，以及对其所做的调查、笔录效力如何确定等均是所面临的问题。

三是查不到怎么办。明确了查什么、怎么查之后，应当对如果尽力调查后查不到怎么办问题予以明确，这也是实践中面临的最大问题。实践中，执行法官最纠结的是难以查明问题，主要体现在以下五个方面。第一，权利登记信息管理不到位。如部分不动产登记机关的早期不动产信息未录入计算机，未实现信息化管理，导致难以查询到财产登记信息。部分不动产登记机关的档案室与法规处、办公室之间关于不动产的信息不一致，导致难以查清不动产真实信息。部分不动产登记机关在办理协助调查业务时，存在人工手动查询导致查询结果不全、不准确、不予书面反馈等问题，如法院在查询某房地产上各有权机关查封顺序、抵押权详细情况时，工作人员仅口头答复但不予书面反馈。第二，权利登记信息混乱。有的不动产登记机关的查封信息登记情况混乱，无法确认首轮查封、轮候查封的顺序。有的不动产登记机关对抵押权登记、共有信息登记管理混乱，实践中发生申请执行人持有他项权利证书，但不动产登记机关登记抵押状态为“未抵押”。第三，未登记不动产控制情况混乱。根据现有规定，对动产、未登记不动产的查封只能通过张贴封条或者公告的方式进行，同时应当通知其管理人或者该建筑物的实际占有人。执行实践中，张贴封条或者公告相对容易，这也是执行法院的一般做法，但通知其管理人或者实际占有人难度较大。而且由于管理人或者实际占有人能力的限制以及人员变动、材料交接等因素，进而难以确定查封顺序，如对未登记不动产的查封，即便通知到管理人或者实际控制人，但是由于管理人或者实际控制人经常变动，已经接收的查封材料不一定正常交接；有的因其自身原因对查封材料的保管以及管理混乱，或者由于其他因素，未告知在后办理查封手续法院已经有在先查封情况等。查封时间争议较大。对未登记不动产的查封，如果未通知到管理人或者实际控制人，仅仅通过张贴封条或公告的方式，因为缺乏客观依据或者第三人参与，执行法院之间关于查封顺序问题，经常发生争议。第四，现状与登记状态的差异。不动产占有使用的真实状态难以查清。实践中常见的是买卖、租赁，由于部分执行法院在对财产进行控制的同时，没有及时对财产进行现场查封，导致被执行人与案外人串通，以倒签合同等形式制造虚假买卖、虚假租赁的情形时有发生。不动产登记信息与现状信息是否一致难以查清。实践中，在不动产上添附或者不动产部分结构变动、部分空间改变、部分灭失等时有发生，但是由于负责现状调查的执行人员缺乏测绘、建筑等方面的专业知识，其对不动产登记信息与现状是否一致很难作出准确判断，对现状是否改变只能大致判断。第五，欠缴税费情况查明难。不动产上可能存在水、电、燃气、物业等欠费或者欠缴的税费。但由于水、电、燃气并非不动产过户登记必须变更事项，税费缺乏统一公示、查询制度，导致对该类欠款信息查明难。部分执行法院为了摆脱责任，在拍卖公告中对欠缴税费等一概表述为由买受人负担。

二、破解现状调查难题的路径分析

现状调查问题上的困境所造成的消极影响是多方面的。一是损害了执行行为的可信赖性、公信力，对执行程序的权威性带来负面影响。二是降低了潜在竞买人参与竞买的热情。对于无法现场看样的竞买人，其对拍品信息的获取主要依赖于现状调查，而无法清晰展现拍品全方位状态的现状调查显然无法满足其需求，进而也难以激发他们参与司法拍卖的热情。三是模糊了尽职调查与格式化调查的界限。部分执行法官不区分拍品之间的差异性，对千差万别的拍品采取千篇一律的格式化调查方法，这里既有能力方面的问题，也存在态度方面的问题。由于缺乏参照标准，格式化调查便有了正当借口。现状调查不到位，便会面临撤销拍卖的风险，进而引发当事人、竞买人等的信访投诉，甚至国家赔偿请求，现状调查成为执行法官不愿触及的“雷区”。

我们认为，要破解现状调查难题，必须把握现状调查的特征，遵循现状调查的规律，全面梳理状调查的具体内容，探索集约化、专业化、清单式、条目式的现状调查方式方法，通过调查事项清单，为执行人员进行现状调查提供标准化的流程指引。

（一）现状调查的具体事项

1. 财产权属事项

对财产权属的调查主要包括对登记在被执行人名下的不动产的权属调查、登记在第三人名下的不动产的权属调查、土地使用权登记和房屋登记不一致情况下的权属调查、存在共有关系的不动产的权属调查、在建工程权属的调查、期房权属的调查、拆迁安置房权属的调查、农村集体建设用地上房屋权属的调查、对已全部缴纳土地出让金但尚未办理登记的土地使用权权属的调查、对被执行人购买的已经办理商品房预售合同登记备案手续或者商品房预告登记房产权属的调查等。①

（1）对于不动产权属的调查要全面、完整，做到五个关注：①关注土地使用权和房屋所有权分离的情况；②关注被执行人不享有完全权属的不动产的相关信息；③关注不动产物权变动的相关信息，查清是否存在逃避执行的情形；④关注是否存在阻却不动产所有权实现的事由；⑤关注不动产上是否存在担保物权、用益物权以及查封等权利负担的情形。②

（2）调查财产权属，应当遵循以下标准：①已办理权属登记的财产的调查。民法典第 217 条规定，不动产权属证书是权利人享有该不动产物权的证明。不动产权属证书记载的事项，应当与不动产登记簿一致；记载不一致的，除有证据证明不动产登记簿确有错误外，以不动产登记簿为准。因历史原因，若干不动产登记事项未有明确规定，登记内容亦不规范，各地不动产登记机构实际操作不一，导致不动产登记簿和权属证书内容不一致，应当坚持以不动产登记簿的内容认定不动产物权的归

① 最高人民法院执行局：《法院执行理论与实务讲座》，国家行政学院出版社 2010 年版，第 317~325 页。

② 参见金平强主编：《执行工作实务技能》，人民法院出版社 2013 年版，第 14~15 页。

属和内容。[①] 审判实践中还需要注意的是，不动产登记簿的推定力只及于权利，不及于事实，因为不动产登记簿推定力的标的是某种权利的存在或不存在，而非推定登记的原因行为（买卖、赠与等）存在与否。[②] 不动产登记簿的推定力并不包括对所记载不动产自然状况事项的推定，不动产登记簿上对不动产自然状况的记载，如不动产的标记、面积、位置、坐落、界址等均属于事实问题，不为不动产登记簿的推定力所及。[③] 因此，应当结合不动产登记簿记载内容，对财产现状进行调查。查明财产现状与不动产登记簿记载内容是否一致，如不一致，应查明是否超出不动产登记簿记载内容的范围，尤其是调查有无变动、有无添附、灭失等；②对于未办理登记的财产权属的调查，应当向发改、规划、建设等部门查询相关申报材料，结合土地使用权的审批文件、规划许可、建设许可以及工程项目的立项、规划审批、房屋买卖合同以及其他相关证据确定权属；③对于被执行人通过继承或者受遗赠取得物权的或者因人民法院、仲裁委员会的法律文书、人民政府的征收决定等导致物权设立、变更、转让的，应当以相关法律行为生效为准。

2. 财产性质事项

（1）国有划拨用地使用权；（2）农村集体土地使用权，包括农用地、农村集体建设用地、未利用土地等；（3）农村集体建设土地上的不动产，包括农村宅基地、乡镇村企业建设用地、交通水利建设用地等；（4）农村土地承包经营权；（5）“四荒”集体用地使用权；（6）违章建筑。[④] 上述不同性质的土地使用权及其附着物，现行法律、行政法规、司法解释以及规范性文件对其执行程序、受让主体都有相应规定，在处置

---

① 最高人民法院民法典贯彻实施工作领导小组主编：《中华人民共和国民法典物权编理解与适用（上）》，人民法院出版社2020年版，第98页。

② 最高人民法院民法典贯彻实施工作领导小组主编：《中华人民共和国民法典物权编理解与适用（上）》，人民法院出版社2020年版，第93~94页。

③ 程啸：《不动产登记簿之推定力》，载《法学研究》2010年第3期。

④ 最高人民法院执行局：《法院执行理论与实务讲座》，国家行政学院出版社2010年版，第323页。

之前，应当先查清其财产性质，然后根据相关规定精神予以执行。

3. 权利负担事项

不动产是各类权利负担最多的财产类型，如建筑工程优先受偿权、国家税收优先权、土地使用权出让金优先权、不动产拆迁优先权、抵押权、租赁权、地役权等，[①] 这些权利之间常常发生冲突，如何既能满足债权人的权利，又能保护案外人、利害关系人的合法利益，应当落脚于查清物上权利负担的基础之上。

（1）建筑工程优先受偿权。民法典第807条规定，发包人未按照约定支付价款的，承包人可以催告发包人在合理期限内支付价款。发包人逾期不支付的，除根据建设工程的性质不宜折价、拍卖外，承包人可以与发包人协议将该工程折价，也可以请求人民法院将该工程依法拍卖。建设工程的价款就该工程折价或者拍卖的价款优先受偿。对此，应当注意以下几方面。

一是准确把握建筑工程优先受偿权的权利主体。建设工程的勘察人和设计人、转包合同和分包合同的承包人、承包非主体工程的承包人不享有建设工程价款优先受偿权。与代建人签订建设工程施工合同的承包人享有建设工程价款优先受偿权。对于借用资质签订建设工程施工合同的情况下，缺乏资质的单位或者个人是否享有建设工程价款优先受偿权的问题，实践中存在争议。对此，应当把握以下两点：第一，享有建设工程价款优先受偿权的主体原则上应当是一人而不宜为多人；第二，在处理出借资质的建筑企业、借用资质的单位或者个人、发包人三方之间的关系时，应当参考民法典第146条的规定，以各方当事人的真实意思为基础确定各自法律关系。[②]

二是准确把握建设工程价款优先受偿权的优先效力。围绕同一建设工程的各项权利可作如下排序：第一位是交付购买商品房的全部或者大

---

① 最高人民法院执行局：《法院执行理论与实务讲座》，国家行政学院出版社2010年版，第323页。

② 最高人民法院民法典贯彻实施工作领导小组主编：《中华人民共和国民法典合同编理解与适用（三）》，人民法院出版社2020年版，第2036~2037页。

部分款项的消费者对建设单位（卖房人）所享有的交付房屋和转移房屋所有权的给付请求权；第二位是承包人享有的建设工程价款优先受偿权；第三位是抵押权人对建设工程所享有的抵押权；第四位是发包人其他债权人所享有的普通债权。第五位是发包人对建设工程所享有的所有权。①

三是装饰装修工程的承包人享有建设工程价款优先受偿权。装饰装修工程承包人所享有的工程款中也包含农民工等建筑工人的工资利益，依法理也应当享有建设工程价款优先受偿权，但享有优先权的承包人只能在建筑物因装饰装修而增加价值的范围内优先受偿。②

四是准确把握承包人行使建设工程价款优先受偿权的条件。承包人行使建设工程价款优先受偿权应当以建设工程质量合格为条件，无须以建设工程施工合同有效为条件，也无须以建设工程竣工为条件，但须以建设工程宜折价、拍卖为条件。③

五是准确把握建设工程价款优先受偿的范围。关于建设工程价款的范围，原住建部、财政部印发的《建筑安装工程费用项目组成》第1条第1款规定，建筑安装工程费用项目按费用构成要素组成划分为人工费、材料费、施工机具使用费、企业管理费、利润、规费和税金。《最高人民法院关于审理建设工程施工合同纠纷案件适用法律问题的解释（一）》第40条规定，承包人建设工程价款优先受偿的范围依照国务院有关行政主管部门关于建设工程价款范围的规定确定。承包人就逾期支付建设工程价款的利息、违约金、损害赔偿金等主张优先受偿的，人民法院不予支持。该解释将承包人利润予以优先保护，目的是减少当事人诉累，便于纠纷处理，而将利息排除在建设工程价款优先受偿权保护之外，是基于利益平衡的考虑。

---

① 最高人民法院民法典贯彻实施工作领导小组主编：《中华人民共和国民法典合同编理解与适用（三）》，人民法院出版社2020年版，第2038页。

② 最高人民法院民法典贯彻实施工作领导小组主编：《中华人民共和国民法典合同编理解与适用（三）》，人民法院出版社2020年版，第2039页。

③ 最高人民法院民法典贯彻实施工作领导小组主编：《中华人民共和国民法典合同编理解与适用（三）》，人民法院出版社2020年版，第2039~2040页。

六是准确把握承包人承诺放弃建设工程价款优先受偿权行为的效力。依民法法理，如果民事主体放弃或者限制财产权利的行为损害第三人利益的，对第三人不发生效力。建设工程价款优先受偿权属于法定权利，赋予承包人此项权利，目的是保护建筑工人的利益。因此，承包人对该项权利的处分不能损害农民工等建筑工人的权益。[①]

（2）国家税收优先权并不当然具有优先受偿的效力，“在民事执行阶段，应当对涉权属变更登记所需要缴纳的税负项目区分对待，对于契税、印花税等所有交易环节必不可少的税负项目，于民事执行提起司法拍卖或者裁定确权过户时，应当视同实现民事债权的必须费用而优先扣除，对于增值税、营业税等针对被执行人特定财产、特定经营行为设计的税种，无论是司法拍卖或是确权判决所引起的产权变更登记，均不具有优先扣划的效力，而由税务征管部门对原权利人予以征缴”。[②]

（3）土地使用权出让金优先权，主要是针对国有划拨土地使用权的处置，处置前须经批准并保证国家对土地出让金的优先受偿权。

（4）不动产拆迁优先权是一种排除强制执行的权利，主要是排除被执行人基于不动产买卖、不动产建造和不动产管理的权利。对该权利的调查，应当结合拆迁补偿安置合同、案外人据以签订拆迁补偿安置合同的基础权利等证据材料综合认定。

（5）抵押权的调查。关于合同约定的担保物权的担保范围与登记簿记载不一致时，应以何者为准问题，《全国法院民商事审判工作会议纪要》第58条规定，以登记作为公示方式的不动产担保物权的担保范围，一般应当以登记的范围为准。但是，我国目前不动产担保物权登记，不同地区的系统设置及登记规则并不一致，人民法院在审理案件时应当充分注意制度设计上的差别，作出符合实际的判断：一是多数省区市的登记系统未设置“担保范围”栏目，仅有“被担保主债权数额（最高债权

---

① 最高人民法院民法典贯彻实施工作领导小组主编：《中华人民共和国民法典合同编理解与适用（三）》，人民法院出版社2020年版，第2043页。

② 上海市黄埔人民法院课题组：《民事强制执行程序中涉税冲突问题研究》，载《人民司法（应用）》2013年第5期。

数额）”的表述，且只能填写固定数字。而当事人在合同中又往往约定担保物权的担保范围包括主债权及其利息、违约金等附属债权，致使合同约定的担保范围与登记不一致。显然，这种不一致是由于该地区登记系统设置及登记规则造成的。人民法院以合同约定认定担保物权的担保范围，是符合实际的妥当选择。二是一些省区市不动产登记系统设置与登记规则比较规范，担保物权登记范围与合同约定一致在该地区是常态或者普遍现象，人民法院在审理案件时，应当以登记的担保范围为准。《中华人民共和国民法典物权编理解与适用（下）》中指出，登记作为公示方法具有公信效力，如果后顺位抵押权人主张其系基于登记簿记载而设定抵押权的，法律应当保护此种信赖。就此而言，当合同约定与登记簿记载不一致时，以登记簿记载作为确定前顺位抵押权人的担保范围，更符合物权的公示公信原则，也与民法典第 216 条的规定相一致。但考虑到之所以会出现合同约定与登记簿记载不一致的情况，责任不在于当事人，而在于登记簿的设置没有完全与民法典的规定相一致。在此情况下，让无辜的债权人承担因此导致的损失对其不公。基于现实考量，《全国法院民商事审判工作会议纪要》采取了以合同约定为准的处理办法。当然该规则一旦确立，对所有债权人都是公平的，后顺位债权人在设立抵押权时，就不能仅仅去看登记簿，可能还要看当事人的合同约定。后顺位抵押权人在登记簿上记载的尽管也是主债权，但其范围同样及于利息、违约金等附属债权。相比更后顺位的抵押权人而言，对其的保护也是周全的。[①] 因此，现状调查应当查明抵押登记的担保范围以及合同约定的担保范围，并在此基础上依据上述规则予以认定。

（6）租赁权的调查。我国民法对于承租人直接支配租赁物的事实并未按照物权关系设计，而是将租赁权在总体上作为债权，在个别方面赋予物权的效力。例如，为防止出租人出卖住房等可能损害承租人的生存权，特设买卖不破租赁的原则，即租赁权的对抗力，指在租赁关系存续

---

① 最高人民法院民法典贯彻实施工作领导小组主编：《中华人民共和国民法典物权编理解与适用（下）》，人民法院出版社 2020 年版，第 1068 页。

期间，承租人对取得租赁物所有权或者其他物权的人，可以主张其租赁权，继续对租赁物行使占有、使用权和部分收益权。① 对此，应当查明承租人是否享有租赁权，进而确定带租拍卖还是涤除租赁权拍卖。

4. 财产现状事项

不动产执行中，最关键的问题是不动产的现实状态。对现实状态即现状的调查包括：（1）位置结构情况；（2）占有使用情况；（3）装修装饰情况；（4）附属设施情况；（5）瑕疵情况，包括外观瑕疵、使用瑕疵、权利瑕疵等。

被执行财产从控制到处置，需要经过一定期间，实践中由于部分执行法院在财产控制阶段没有进行现状调查、没有指定财产保管人，导致在财产处置时，占有使用情况、装修装饰情况以及瑕疵情况与执行法院查封节点的先后关系难以查清，进而陷入处置困境。为此，现状调查应当提前到财产调查控制阶段，建立现场查封制度。现场查封时，可以对财产现状进行调查，锁定查封时财产位置结构情况、占有使用情况、装修装饰情况、附属设施情况以及瑕疵情况，同时要求占有人或者被执行人保持财产现状，并告知其违反的法律后果，确保“原状处置”。

5. 财产控制事项

（1）是否为首轮查封；（2）如果是轮候查封，应当查明首轮查封情况、在前轮候查封的单位名称及查封期间、查封范围等；（3）动产实际占有使用主体，基于何种原因占有；（4）不动产占有使用主体，基于何种原因占有使用。

需要注意的是，从查封到处置可能需要较长时间，因此，在处置前应当再次调查财产控制情况，以确定是否有权处置。如系首轮查封，应当调查查封期限有无到期，到期后有无续查封。如系轮候查封，应当调查首轮查封情况、在前轮候查封是否已经超期未续查封、是否已经解除查封等。此外，对未登记财产控制情况的调查亦遵同理办理。

---

① 最高人民法院民法典贯彻实施工作领导小组主编：《中华人民共和国民法典合同编理解与适用（三）》，人民法院出版社2020年版，第1413页。

（二）清单式现状调查事项表

现状调查环节涉及调查事项烦琐，容易遗漏。为了高效规范地进行现状调查，应当建立“现状调查事项清单”制度。将现状调查具体事项通过固定模板以表格形式呈现。同时，将住宅/商铺、工业厂房/土地、机动车、动产、机器设备、生鲜活物等不同类型财产需要调查的事项内容以“清单”形式列举，由现场调查人员“照单办理”，既节省调查时间，又不会遗漏调查事项，同时帮助现场调查人员有的放矢地完成调查工作。清单式现状调查事项表，能够帮助执行人员迅速熟悉执行业务，避免了现状调查过程中的遗漏，当天即可同时完成资产现状调查、拍摄视频照片、现场评估等财产处置前必须完成的工作，切实减少执行法官外出调查次数，有效推动财产处置进程。清单式现状调查事项表可参考附件1~附件4。

（三）全方位、专业化现状调查团队

1. 财产查控前的现状调查组

现状调查组负责财产查控前的现状调查工作：（1）坚持边进行财产查控、边进行现场调查的原则；（2）对有登记的财产进行查控的，应当对登记档案信息以及现场信息进行调查；（3）对未办理登记的财产进行查控的，应当向管理人、保管人等了解标的物权属、权利负担、有无查封、查封顺序、标的物现状等情况予以调查，并形成笔录。

2. 财产处置专业化执行团队

鉴于财产处置环节涉及的法律关系复杂，当事人矛盾尖锐、信访隐患多等特点，财产处置团队分成不动产处置团队、动产处置团队、其他财产（包含财产权）处置团队。以不动产处置团队为例，其成员由1名员额法官+x名执行员+x名司法辅助人员组成，其中员额法官、执行员应当具有财产处置工作经验，熟悉财产处置工作流程，能够对财产处置环节，尤其是现状调查环节的命令性事项、事务类事项进行准确判断把握，执行员、司法辅助人员的数量，可以根据近年来执行法院需要处置的不动产数量以及工作量来综合确定。司法辅助人员包括派驻法警、法官助理、书记员等组成。财产处置前的现状调查还包括：（1）将财产处置前的调查与现状调查清单对照分析，掌握标的物基本情况；（2）对现场进行再次调查，主要看与查封前现状有无不一致等情况；（3）其他需要再次调查注意的事项。

（四）财产处置前现状调查部分事项的外包

1. 财产处置前现状调查部分事项的外包

该类事项包括：（1）拍卖标的视频或者VR制作、照片拍摄、文字说明等事项；（2）拍卖标的资料，包括拍卖公告、拍卖注意事项、拍卖财产照片、视频及文字说明等上传到网络司法拍卖平台事项；（3）相关拍卖咨询，即根据评估报告书、执行法院提供的拍卖标的信息向意向竞买人介绍详情、网拍流程以及相关竞买政策等事项；（4）引领现场看样以及登记看样信息（时间、地点、人数等）并提交给执行法院事项；（5）拍卖标的整理、清洁与保管事项；（6）执行法院委托办理的其他辅助性事项。网拍辅助机构承担上述第3项及第4项事务时，应当保存工作中形成的全部音频、视频资料，并交由执行法院引入执行案件流程管理系统。①

2. 财产处置前现状调查部分事项外包办理要求

辅助机构向执行法院提交的拍卖标的照片、视频或者文字说明，应当客观准确，能够全面反映拍卖财产的实际情况。拍卖标的存在质量或者权利瑕疵的，应进行特别标注提醒。服装、珠宝首饰、烟酒等单一小件拍卖标的，每件不少于3张照片；不动产、汽车或船舶等拍卖标的，不少于10张照片；拍卖标的无法用照片展示全貌的，应录制视频展示其所有细节，时长不少于2分钟。上述照片、视频、文字说明等资料或载

---

① 参见《江苏省高级人民法院关于规范网络司法拍卖辅助工作的指导意见》第3条。

体，应当与所涉案件执行过程中形成的其他文书材料一并立卷归档。未经执行法院同意，网拍辅拍机构不得使用。①

3. 集约办理财产处置前现状调查部分事项

辅助机构要主动辅助财产处置团队，以集约化、规范化、流程化标准，完成从上拍前至拍卖后全流程网拍辅助工作，负责对所有财产处置材料完整归档。通过辅助机构集约向实施团队提供辅助工作的方式，对发现的各团队在财产处置中的问题，应当有针对性地及时提出问题，提出解决处置的办法。②

4. 外包事项的监管

辅助机构必须严格接受执行法院的监督与管理。执行法院配备专职辅助事务监管人员。执行指挥中心配备网拍辅助事务监管人员，具体履行网拍辅助事务动态监管职责。③

（五）建立健全基层综治网格员协助现状调查机制

充分发挥基层综治网格员熟悉社情民意、熟悉网格基本情况、熟悉现状调查事项等的优势，加强基层执行工作网格化管理。充分发挥基层党组织作用，依托基层综治中心，将协助执行工作纳入基层社会治安综合治理网格化管理的内容，整合各方面资源，建立基层综治网格员协助现状调查工作机制。建立基层综治网格员协助现状调查的培训、监督、激励等机制，促进基层治理与执行工作的良性互动。

---

① 参见《江苏省高级人民法院关于规范网络司法拍卖辅助工作的指导意见》第11条。

② 参见《北京市三中院构建“3+1”一体化财产处置机制 提升执行质效》，载2020年10月10日“中国执行”微信公众号。

③ 参见《江苏省高级人民法院执行指挥中心实体化运行“854模式”升级版工作导则》第2.6.11条。

附件 1：

动产情况调查说明书（登记机动车）

调查日期：年 月 日 案号：

所有权人*		车牌号*		颜 色*	
车辆品牌*		车辆型号*		排 量*	

车辆类型*	燃 料*	档位形式*	发动机号*	出厂日期*	登记日期*
三厢☐ SUV☐ 4WD☐	汽油☐ 柴油☐	手动☐ 自动☐			
两厢☐ MPV☐ 2WD☐	电动☐ 混合☐	机械☐ 电子☐			

表显里程*	定 员*	过户次数	车 架 号（VIN）共17位
km			

车辆配置	一键启动 ☐	助力转向☐ 定速巡航☐	涡轮增压☐	天 窗☐	真皮座椅☐ 电动座椅☐	座椅加热☐ 记忆座椅☐	车辆违章*	
	多功能方向盘 ☐	倒车雷达☐	ABS ☐	C D ☐	电动窗 ☐	电动尾门☐	试车情况	
		倒车影像☐	GPS导航☐	DVD ☐	中控屏幕☐	拨片换挡☐		

手续*	登记证☐ 行使证☐ 购置税证☐ 购车发票☐ 购置税票☐ 车船税凭证：______年止☐
	年检有效期：_____年___月止 商业保险：_____年___月止 交强险：_____年___月止
	其他： 钥匙☐ 能否启动☐ 停放停车场时间 停车费 电瓶是否有电☐ 轮胎状况
	权利负担情况：是否有抵押☐ 是否有租赁☐

发动机大修	事故状况	维修保养情况	排放标准*
有☐ 无☐ 不详☐	无☐ 大☐ 中☐ 小☐ 不详☐	好☐ 较好☐ 一般☐ 较差☐ 差☐	国四以下☐ 国四☐ 国五☐

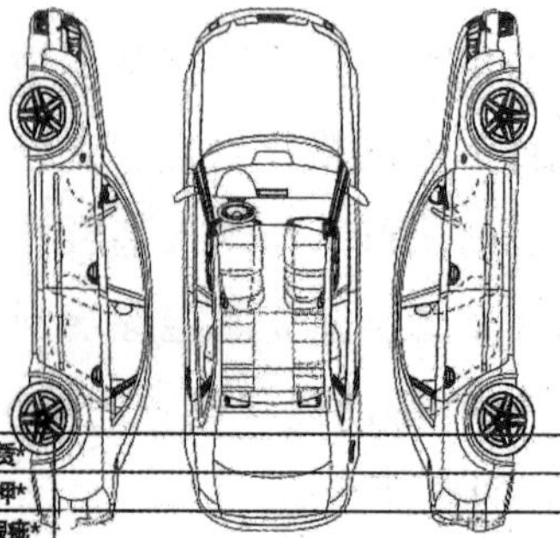

整车描述*	
外观	
内饰	
车架	

有无租赁*	
有无抵押*	
其他权利瑕疵*	
备注	

被执行人签字： 在场人员签字： 执行人员签字：

附件 2：

不动产情况调查说明书（工业厂房、土地）

<table>
<tr><td colspan="2">厂房/土地名称</td><td colspan="7"></td></tr>
<tr><td colspan="2">厂房/土地位置</td><td colspan="7"></td></tr>
<tr><td colspan="2">四至</td><td colspan="7">东至 西至 南至
北至</td></tr>
<tr><td colspan="2">所有权人</td><td colspan="7"></td></tr>
<tr><td colspan="2">土地性质</td><td colspan="7"></td></tr>
<tr><td colspan="2">权证情况</td><td colspan="7"></td></tr>
<tr><td colspan="2">建造年份</td><td></td><td>占地面积</td><td></td><td>建筑面积</td><td></td><td>使用现状</td><td>□自用 □空置
□出租</td></tr>
<tr><td colspan="2">结构</td><td colspan="3">□砖混 □钢结构
□其他</td><td>类型</td><td colspan="3">□普通生产 □涉危险物质生产
□非生产</td></tr>
<tr><td colspan="2">厂房/土地概况</td><td colspan="7">装修：
地面附着物：
附近交通情况：
其他概况：</td></tr>
<tr><td rowspan="6">设施</td><td>给排水</td><td colspan="7">□完好 □轻度破损 □一般破损
□严重破损</td></tr>
<tr><td>电梯</td><td colspan="7">□完好 □轻度破损 □一般破损
□严重破损</td></tr>
<tr><td>照明</td><td colspan="7">□完好 □轻度破损 □一般破损
□严重破损</td></tr>
<tr><td>燃气</td><td colspan="7">□完好 □轻度破损 □一般破损
□严重破损</td></tr>
<tr><td>消防</td><td colspan="7">□完好 □轻度破损 □一般破损
□严重破损</td></tr>
<tr><td>通风</td><td colspan="7">□完好 □轻度破损 □一般破损
□严重破损</td></tr>
<tr><td rowspan="3">权利负担</td><td>抵押</td><td colspan="7"></td></tr>
<tr><td>租赁</td><td colspan="7"></td></tr>
<tr><td>其他</td><td colspan="7"></td></tr>
<tr><td rowspan="2">周边环境</td><td>公共配套</td><td colspan="7"></td></tr>
<tr><td>产业聚集</td><td colspan="7"></td></tr>
<tr><td colspan="2">备注</td><td colspan="7"></td></tr>
<tr><td colspan="9">被执行人签字： 在场人员签字： 执行人员签字：</td></tr>
</table>

调查日期： 年 月 日 案号：

附件3：

不动产情况调查说明书（住宅、商铺）

调查日期： 年 月 日 案号：

<table>
<tr><td>标的坐落</td><td colspan="5"></td></tr>
<tr><td colspan="2">标的所在楼层/总层数：____/____层</td><td>使用状况</td><td>□自用 □空置 □出租</td><td>建筑面积：______m</td><td>建造年代：</td></tr>
<tr><td>现状用途</td><td>□住宅 □办公 □商铺</td><td>户型</td><td>室_厅_厨_卫_阳</td><td>房屋朝向</td><td>□南北 □东西 □其他____</td></tr>
<tr><td>维修保养</td><td>□良好 □一般 □较差</td><td>通风采光</td><td>□良好 □一般 □较差</td><td>房间朝阳</td><td>共______室朝阳</td></tr>
<tr><td>附近地标</td><td colspan="5"></td></tr>
<tr><td>公共交通</td><td colspan="5">公交线路： 地铁线路： 车站：</td></tr>
<tr><td>周边环境</td><td colspan="5">□小区公园 □小区园景 □望江 □人工湖 □山 □球场 □泳池 □学校____________ □无</td></tr>
<tr><td rowspan="3">物业情况</td><td colspan="3">电梯：□____部客梯____部货梯 每层______户 □无
□完好 □轻度破损 □一般破损 □严重破损</td><td rowspan="2">公共车位</td><td rowspan="2"></td></tr>
<tr><td colspan="3">水电：□完好 □轻度破损 □一般破损 □严重破损
□无</td></tr>
<tr><td colspan="3">消防：□消防栓 □自动喷淋 □烟感报警 □无
□完好 □轻度破损 □一般破损 □严重破损</td><td>物业管理</td><td>□有物业公司管理
□无物业公司管理</td></tr>
<tr><td>产权性质</td><td colspan="5">□"大"产权房屋 □"小"产权商品房 □农村宅基地房屋 □集体土地所建其他房屋</td></tr>
<tr><td>权利证书</td><td colspan="5"></td></tr>
<tr><td>使用情况</td><td colspan="3">□空置 □使用中</td><td rowspan="2">房屋结构</td><td>□ 改变____________</td></tr>
<tr><td>权利负担情况</td><td colspan="3">□抵押 □租赁 □其他__________</td><td>□ 未改变</td></tr>
<tr><td>欠费情况</td><td colspan="5">物业费： 水费： 电费： 燃气费：</td></tr>
<tr><td>房屋装修</td><td colspan="5"></td></tr>
<tr><td>房屋内部概况（墙体、门窗、地面等）</td><td colspan="5">□完好 □轻度破损 □一般破损 □严重破损</td></tr>
<tr><td>优先购买权人等情况</td><td colspan="5"></td></tr>
<tr><td>备注</td><td colspan="5"></td></tr>
<tr><td colspan="6">被执行人签字： 在场人员签字：
执行人员签字：</td></tr>
</table>

附件 4：

动产情况调查说明书（无登记的动产）

调查日期：　　　年　　月　　日　　　　案号：

<table>
<tr><td>财产名称</td><td colspan="2"></td></tr>
<tr><td>所有权人</td><td colspan="2"></td></tr>
<tr><td>财产概况</td><td colspan="2"></td></tr>
<tr><td>存放地点</td><td colspan="2"></td></tr>
<tr><td>保管方式</td><td colspan="2">□申请执行人保管　　□被执行人保管
□委托其他人/单位保管________________</td></tr>
<tr><td>保管费用</td><td colspan="2"></td></tr>
<tr><td rowspan="3">权利负担</td><td>抵押/质押情况</td><td></td></tr>
<tr><td>租赁情况</td><td></td></tr>
<tr><td>其他占有情况</td><td></td></tr>
<tr><td>备注</td><td colspan="2"></td></tr>
<tr><td colspan="3">被执行人签字：　　　　在场人员签字：　　　　执行人员签字：</td></tr>
</table>

【他山之石】

中国民事强制执行立法的全球视野

——《全球执行准则》《执行工作优质实践全球指南》及其参考价值

邵长茂[*] 谢 茵[**]

内容摘要：《全球执行准则》是国际司法官员联盟制定的旨在设立执行及其程序的全球化标准的规范文本，由基本原则、司法官员和执行代理人、司法机关、对执行措施普遍适用的条款和对临时措施普遍适用的条款等五部分组成。《执行工作优质实践全球指南》是对《全球执行准则》的延伸和补充。二者是对众多国家优质实践经验的提炼总结，得到了包括世界银行在内的多个国际组织的认可。制定《民事强制执行法》，应当具有全球视野，关注世界形势变化和各国发展趋势，批判吸收先进制度做法，发掘我国制度优势，充分体现我国的立法水平和法治文明。

关键词：民事强制执行法 全球执行准则 执行工作优质实践全球指南

根据马克思主义原理，社会主义核心价值观源于人类社会发展的

---

* 最高人民法院审判员，执行局综合办公室主任。

** 最高人民法院执行局综合办公室法官助理。

“共同价值”理想，并以其作为“基础材料”。[①] 制定一部现代化的《民事强制执行法》，离不开对先进经验的参考借鉴。在制定过程中，有关方面比较重视参考德国、日本、法国以及我国台湾地区等国家和地区的相关规定。实际上，还可作为参考的，是一些国际组织制定的强制执行方面的指南。[②] 其中，影响力相对广泛、内容比较具体的是国际司法官员联盟制定的《全球执行准则》《执行工作优质实践全球指南》。[③] 二者系对众多国家优质实践经验的提炼总结，得到了包括世界银行在内的多个国际组织的认可，是有价值的立法参考资料。

国际司法官员联盟（International Union of Judicial Officers，UIHJ），是由法国国家司法执达官委员会（Chambre Nationale des Huissiers de Justice de France）倡导建立的，并于1952年成立于法国巴黎的国际非政府组织。[④] 截至目前，该联盟共有89个成员或合作组织。国际司法官员联盟通过国际代表大会、常设理事会、委员会这三个机构开展工作，致力于促进落实有助于实现司法官员职责的理念、项目和倡议。[⑤] 强制执行是

---

① 戴木才：《全人类“共同价值”与社会主义核心价值观》，载《光明日报》2015年10月28日第8版。

② 比如，由欧洲司法效率委员会制定的《欧洲强制执行工作指南》。参见欧洲司法效率委员会：《欧洲强制执行工作指南》，载《中国应用法学》2018年第1期。

③ 资料来源为国际司法官员联盟官网，网址：http：//www. uihj. com，最后访问日期：2020年6月8日。

④ 1949年，在一次国民会议上，法国国家司法官员会长让·苏拉德（Jean Soulard）提出了创建国际司法官员联盟（UIHJ）的想法。1952年，国际司法官员联盟第一次代表大会在巴黎举行，比利时、法国、希腊、意大利、卢森堡、荷兰、瑞士等七国出席大会。

⑤ 根据国际司法官员联盟章程第2条的规定，国际司法官员联盟的目标如下：(1) 代表联盟及其成员与其他国际组织交往、合作。(2) 与代表法律执业者的各国专业组织合作。(3) 研究和改善各国程序法上权利、国际条约履行，以及促进旨在实现上述方面协调统一的合作活动。(4) 促进和维护1950年11月4日在罗马签署的《人权和基本自由欧洲公约》第6条规定的原则。(5) 分享旨在促进、提升和提高联盟最适当的独立地位的思想、研究、项目和倡议，以满足符合有关各方权利的适当司法运作要求。(6) 推动国际级别的协商、研讨会、代表大会以及专业倡议。(7) 建立以下几方面联系：与正在发展但尚未建立专业组织的“司法官员”建立联系，协助他们处理组织建立事宜，期望他们加入联盟，给予他们道义上的帮助，改善他们的培训工作，提升他们的地位；与由非司法官员组成的专业组织建立联系，以便在共同关注的领域开展合作。(8) 就章程第1.2条所述的活动而言，建立和组织旨在维持各国“司法官员”之间联系的任何服务或网络。(9) 实施旨在促进“司法官员”专业培训的行动，必要时包括对其工作人员和/或受训人员的培训。

国际司法官员联盟的主要工作领域,《全球执行准则》《执行工作优质实践全球指南》是国际司法官员联盟在执行领域的重要成果。

一、关于《全球执行准则》

2006 年,在华盛顿召开的第 19 届国际司法官员代表大会,决定制定《全球执行准则》。这项工作交给了国际司法官员联盟的科学委员会,并由科学委员会来自多国和地区的学者共同完成。

《全球执行准则》围绕执行原则、执行措施、执行方法、执行人员四个部分构建、演变,于 2015 年 6 月 3 日在西班牙马德里第 22 届国际司法官员代表大会上被正式提出。国际司法官员联盟时任秘书长 Francoise Andrieux 在这次会议上介绍,《全球执行准则》的目的,在于推广一种跨大洲的规范价值,设立执行工作及其程序的全球化标准。同时,也有必要限制这种全球化标准及相关原则,使其在适应实践需要、保证准则现实性的基础上,尽量达到最小化。

《全球执行准则》由基本原则、司法官员和执行代理人、司法机关、对执行措施普遍适用的条款和对临时措施普遍适用的条款五部分组成。现对英文版本翻译如下。

全球执行准则

第一部分　基本原则

第一条【请求执行的基本权利】每一位持有执行依据的债权人,不论该执行依据是否由法庭作出,都享有在符合法律规定的条件且不违反根据国内法和国际法所享有的豁免执行的情况下,就违约债务人的债务获得实际执行的权利。

不论执行金额的大小,这一权利被无差别地赋予债权人。

第二条【债务人对其所有财产上产生的债务承担责任】债务人对其

所有财产上所产生的债务承担责任，无论这些财产在何处被寻获。

各国国内法可要求债务人报告其资产状况，并就违反报告义务制定可适用的制裁措施。

故意导致无法偿还债务境况的债务人应当承担责任。

第三条【执行依据】执行依据指的是所有具有可执行效力的法院判决以及法律赋予可执行效力的文件，尤其是指作准证书、仲裁裁决以及司法调解书。

第四条【即时可执行性】具有可执行效力判决的受益人不应当被要求去寻求其他法律程序的帮助来获得执行依据的强制执行。

第五条【执行成本】执行成本由债务人承担，但除非法律另有规定(特别在支付抚养费的案件中)，债权人应当提前支付。

如遇债务人破产之情况，执行成本由债权人承担。

如法官裁定，债权人存在滥用请求执行权利的情况，其可指示债权人支付执行成本，并赔偿债务人因此遭受的损失。

各国应确保并确定执行成本是固定、可预测、透明和合理的。

第六条【执行速度】各国应通过提供司法援助确保，所有债权人都有寻求执行措施（帮助实现债权）的平等机会。

第七条【法定工作时间】强制执行工作不得在根据执行实施地所在国法律确定的法定工作时间之外开展。

第八条【执行依据的送达和执行行为】执行人员在采取强制执行措施前，应当先根据本国法律规定的程序，将执行依据送达或通知债务人，否则该项强制执行措施无效。每项执行行为都应当引起债务人的注意。

第九条【信息的获取】各国应规定所有相关方，不论公共还是私人主体，都应当立即向执行人员披露其所掌握的以下信息，包括债务人企业的住所、注册地址或主营业地，以及债务人资产的构成要素等。相关主体不得通过援引职业保密条款而拒绝披露以上信息。

第十条【替代式或参与式执行】各国应确保，被委派的执行人员有权在债务人的要求下，选择适用双方都同意的执行程序。

为使执行工作适应债权人和债务人的状况，各国应允许执行工作各方当事人能积极参与到执行程序中。

第十一条【债务人的重新经营】各国应创设能使债务人有可能清偿债务的程序，如该程序对债务人的重新经营是必要的。

第十二条【新技术的使用】在遵守执行实施地所在国法律规定的防范要求前提下，执行实施过程中可以使用各种形式的支持手段，包括非物质形式的。

第十三条【社会治安力量的协助】各国法律有责任确保，执行人员向社会治安力量发出协助请求后，能在合理时间内得到该等协助。

各国应确保，司法官员和执行代理人在采取执行措施的过程中，即使未取得债务人同意或债务人不在场，也有权进入债务人所有或占有的房屋。

如需和第三方一起寻获债务人财产，进入上述房屋需要获得法庭的授权。

第十四条【透明】各国应确保，公众知晓执行措施。

各国应通过新兴技术的使用，使国内和国际间执行人员的合作成为可能。

债权人应有权通过可使用的新兴技术，了解案件中所采取的执行措施情况。

第十五条【域外管辖】任何可能产生域外管辖属性的执行措施，只可由执行行为所在国的司法官员或执行代理人实施。

第二部分　司法官员和执行代理人

第十六条【司法官员和执行代理人的专业化】只有各国相关部门委任的司法官员或执行代理人有权根据本国国内法开展执行工作。

第十七条【义务】除非法律另有规定，或者遇到执行人员根据职业道德规则裁量认为正当的任何其他阻碍事由，执行代理人或司法官员在每个场景下，都应当采取、推进法律要求的执行措施。

执行人员应当遵守职业秘密。

第十八条【执行代理人的职业地位】执行人员应当遵守规范其职业地位的法规，该等法规通过确立高水平的法定执业资格，来保证执行工作的质量。

执行代理人和司法官员应当遵守关于初始培训和终身培训的规定。

第十九条【职业道德】各国应采取措施规范执行代理人和司法官员的职业道德。

第二十条【职业纪律】各国应设立根据公平程序规则、在独立机构前对抗式进行的惩戒性程序。

各国应制定与执行人员过错程度相称的惩戒性措施。

对于惩戒决定可以进行申诉。

第二十一条【第二职业】执行人员的职业地位应当允许司法官员和执行代理人追求与其本职工作不冲突的第二职业活动。

特别地，他们应可被授权从事协商性质的债务收取工作。

第三部分 司法机关

第二十二条【法官的角色】只有法官可对由执行工作引起的争议进行裁决，并根据某方当事人、执行代理人或司法官员的请求，裁定采取必要的措施。

法官在收到债务人、有利害关系的第三方、执行代理人或司法官员的请求后，如认为存在正当理由，可裁定中止或终止某项执行措施。

第二十三条【执行期限】法官可修正执行行为，可决定暂缓执行。

第二十四条【对执行代理人和司法官员活动的监督】除非属于国家工作人员，否则执行代理人和司法官员应在检察官的监督下履行职责，检察官在条件适用的情况下，可通过颁发命令的方式向执行代理人或司法官员提供援助。对于就某项执行措施产生的所有控告，检察官都应予以记录。

第四部分　对执行措施普遍适用的条款

第二十五条【不可被扣押的财产】除了国内法规定可豁免于扣押的财产之外，其他所有财产都可被扣押。扣划银行资产时，应当为债务人留存足以维持债务人及其家庭基本生活的金额，该金额数量由法律予以规定。

第二十六条【豁免】各国国内法中必须对适用执行豁免（特别是关于国有或公共机构以及外交人员豁免）的情形进行明确规定。

第二十七条【执行措施相称性】执行措施应当与执行金额相称。如滥用执行措施，债权人可被要求作出补偿。

第二十八条【司法官员和执行代理人的自主权】司法官员和执行代理人自主采取对债权人权利和债务人基本权利而言最适宜的执行措施。

第二十九条【执行措施的灵活性】各国应当建构适合债权人利益以及债务人经济社会状况的执行制度。为此，各国应该设置多样化的执行措施，以使司法官员或执行代理人能在其中灵活选择。

第三十条【考虑到财产属性的灵活性】各国执行人员应根据被扣押财产的属性采取执行措施。

第三十一条【对实物的执行】当法官裁决债务人履行或不履行某项义务时，应当有权同时在裁判中决定是否（对实物）采取强制措施。

第三十二条【对债务人或其家庭成员人身的强制执行】各国应确保对人身的强制执行遵守有关国际公约、宪章和宣言的规定。

禁止因民事债务监禁（债务人）。

禁止对债务人家庭成员进行强制执行。儿童利益的重要性必须得到重视。

第五部分　对临时措施普遍适用的条款

第三十三条【申请采取临时措施的权利】每个债权人在证明有关情形存在的前提下，有权向法官申请采取临时措施来确保其权利得到保护。

持有执行依据的债权人可在不经过法官准许的情况下采取临时措施。

第三十四条【程序】各国应建立快捷的程序以确保保全或临时措施能得到法官准许。该等措施的实施时间应当受到限制。

上述快捷程序不需要是对抗性的。但临时措施所针对之人应有权立即通过简易的方式向法官申请抗辩。

如法官认为临时措施并无意义，申请或已采取临时措施一方应当全额补偿给另一方造成的损失。

二、关于《执行工作良好实践全球指南》

在2018年5月1日到5月4日举行的泰国曼谷第23届国际司法官员代表大会上，国际司法官员联盟正式提出《执行工作良好实践全球指南》，并计划将指南纳入《全球执行准则》。

《执行工作良好实践全球指南》是对执行工作"良好实践"的一个总结。"良好实践"由专业人士定义，并将作为专业人士不受限制地完成工作使命、尊重个人权利和基本原则的指导。"实践"既包括多种法律渊源（包括法律、规章、法学理论等），也包括适用这些法律渊源的专业惯例；"良好"，是指在一或多个成员中，能兼顾私人利益（债权人和债务人利益）和公众利益（法律确定性、基本权利、公共政策、一国经济健康状况等公共利益）的让人满意的处理方法。相应地，"最佳实践"，是指执行机构在履行职责时，采取的解决方案，这些方案最大程度上符合《全球执行准则》所基于的原则和目标。国际司法官员联盟希望，这些良好实践能逐步融入各国司法体系中。①

《执行工作良好实践全球指南》是对《全球执行准则》的延伸和补充，并对后者的一些方面进行详述。国际司法官员联盟的以下文件，曾被用来定义良好实践：(1)《全球执行准则》；(2)《国际司法官员联盟

① 国际司法官员联盟指出，良好实践不应和道义论混淆。道义论（《执行工作良好实践全球指南》中定义为职业道德）根据价值观（即人们希望能得到遵守的指导理念）来衡量。道义论中的规则与各国不同法律制度中的积极规范或规定相独立。上述所提价值观涵盖了正直、荣誉、周到、精确和忠诚等方面。

关于执行工作大问卷》[①]；(3)《国际司法官员联盟成员国强制执行报告》(2014年版)；(4) 2015年12月10日至12月11日欧洲司法效率委员会第26次会议正式通过的《法院判决执行良好实践指南》。

国际司法官员联盟指出，《执行工作良好实践全球指南》期待达到以下目标。

第一，《执行工作良好实践全球指南》能确保公民和企业在跨境执行中享有和在执行本国法院判决过程中同等的法律确定性和效率。欧洲人权法院于1997年3月19日，在Hornsby诉希腊一案中，将执行请求权确立为一项人权，这一结论至今已被多次确认。同时，该指南也将成为债权人的一种具有可预测性的工具，并确保债务人享有知晓关于其权利义务信息的权利。

第二，《执行工作良好实践全球指南》将成为一种卓越的、能确保执行人员公平公正地获取当事人乃至某法域内公民信任的专业工具。它将重建人们对司法制度和系统的信任，减少针对强制执行产生的争议乃至社会对立。

第三，《执行工作良好实践全球指南》将促进新技术的使用。为使执行人员之间的无纸化交流更为流畅，实践做法的调和是很有必要的。

现对英文版本翻译如下。

执行工作良好实践全球指南

第一部分　与信息有关的良好实践

1. 信息收集

执行人员应当在遵守法定义务的前提下，收集从事执行工作所需的

---

① 根据国际司法官员联盟介绍，该问卷共分为26个主题、350个问题，涵盖了执行代理人、民事执行程序等不同方面。问卷统计数据收集自若干司法官员组成的职业组织以及国际司法官员联盟成员方的其他类似专业机构，定期更新。

全部信息。

2. 信息使用

执行人员所收集的关于债务人的信息，为债务人之利益，在其他执行措施中应当是可重复使用的。执行人员不可转移、交流或出售所收集的信息。

3. 保密

执行人员应当为其在开展工作时所知晓的信息保密，不得向任何人交流其在开展工作时所收集的第三方个人信息。

执行人员应当采取一切措施保证，其收集的被执行人个人信息不为公众所获知，并据此合理筹备工作场所。

第二部分　与开展强制执行工作有关的良好实践

执行人员以下主要活动界定了良好实践。

（一）文书送达

4. 确保文书送达的高效性

文书送达应当在法律规定的条件下进行，送达过程中应当考虑到文件特性，并确保送达相较其他信息传输渠道的优势。

执行人员应当确保，所送达文书确被送交给受送达人。

为了这一目的，执行人员应当通过一切其可使用的手段，寻找到受送达人。执行人员不可忽视任何一种对其有用的信息渠道（例如互联网、脸书、选举名单等）。

5. 提供有用信息

执行人员应当能够向受送达人提供与所送达文书相关的所有信息。执行人员应当接受过充分的训练，以确保面对受送达人关于文书信息的任何提问要求时，都可以应答。

送达工作委托执行机构雇员进行的，该雇员应当接受了相关训练，以保障可以提供与文书相关的所有信息。

6. 保留送达证据

为留存证据及根据《全球执行准则》第24条进行约束之目的，执行人员应当留存一份所送达文书的副本。

（二）执行

7. 采取规范的执行措施

法院判决和其他执行依据的强制执行，必须根据各国法律有关规定实施。

8. 勤勉执行

鉴于执行工作的公共服务属性，除具有法定缘由之外，执行人员不得拒绝履行其职责。

为提升执行工作成果，有关程序规则中设立的执行期限，必须得到执行人员的遵守。

9. 强制执行措施的相称性

执行人员应当选择与执行金额相称的、适当的强制执行措施。

为了上述目的，执行人员应当有权在法律赋予的权利范围内，评估债务人资产的属性和连贯性。

10. 诉后调解及参与式执行

经与债务人协商，执行人员应当有权根据《全球执行准则》第10条，将执行工作作为诉后调解的一部分。

（三）事实陈述

11. 证据整理中的协助

如（执行人员获取的）事实陈述被接受为一类证据，该执行人员应当确保信息的可用性，并不得就该信息发表任何事实或法律意见。

（四）司法拍卖

12. 公告措施

执行人员应当用尽所有公告措施，以促使拍卖获得尽可能多的出价。

13. 拍卖的相称性

拍卖价款达到执行金额后，拍卖管理人员应当终止债务人财产的拍卖。

（五）协商追偿

14. 遵守法定条款

执行人员在实施协商追偿的过程中，应当遵守执行工作有关规定。

第三部分　职能相关的良好实践

（一）责任

15. 独立性

执行人员应当独立履行职责，不受可能阻碍执行工作的第三方任何干涉的影响。

16. 公正

每个执行人员都有责任维护其向公众传达的公正形象。他应当避免任何可能妨碍其公正、客观履行职责的行为、言论或举动。如发生利益冲突，他必须回避。

17. 遵守资金处置相关规定

执行人员应当遵守资金处置的有关规定，并且在任何时候，都能够提交其为某一个（当事）人的利益而控制的资金。

18. 限制

执行人员应当服从对其营业场所运营或服务的限制。

（二）行为成本

19. 可预测性

执行人员应当能够预测其所实施行为的成本。他应当，在任何时候，都能向债权人和债务人提供相关案件的会计报表。

（三）社会地位

20. 执行人员的保护

执行人员遇到任何可能阻止其履行职责的情况，都应当受到保护。

第四部分 培　训

21. 职业培训要求

根据法律要求，执行人员应当保持对专业知识的掌握，并接受持续的职业培训。

执行人员应当保证所在机构所有职员都得到了职业培训。

第五部分 新技术的充分利用

22. 新技术的融合

执行人员应有权在执行工作中，使用合适的电子工具。

在有益于执行工作效率的情形下（例如在公开拍卖中），执行人员应当支持电子手段的应用。

23. 法律确定性

执行人员应当确保将新技术运用到执行工作中时，法律确定性被维持在与通过传统手段开展执行工作同样的水平。

24. 适应接收方的状况

在使用新技术实施工作的过程中，执行人员应当适应接收方的技术应用状况。

25. 尊重个人数据

执行人员创建的电子文件应当仅包含对于采取强制执行措施严格必要的要素。

26. 适应发展

技术的发展，可能会改变本指南介绍的良好实践内容。因此，适应这些改变非常必要。

三、对我国制定《民事强制执行法》的参考与启示

我国不是国际司法官员联盟的成员，也不参与《全球执行准则》《执行工作良好实践全球指南》的制定和适用。但制定《民事强制执行法》，

应当具有全球视野，关注世界形势变化和各国法律发展趋势，批判吸收先进制度做法，发掘我国制度优势，从而充分体现我国的立法水平和法治文明。因此，适当参考、借鉴由众多国家执行工作优秀经验提炼而成的《全球执行准则》《执行工作良好实践全球指南》等文本，具有一定意义。这些准则、指南，对我国制定《民事强制执行法》，提供了以下启示。

（一）以推进执行制度现代化为目标

秉持推进国家治理体系和治理能力现代化这一宏脉，制定《民事强制执行法》应当在实现对执行活动全面指引和有效规范的基础上，确立推进执行制度现代化的重要目标，以使这部法律能够适应时代变化和经济社会需求，符合中国实际，并为执行制度的未来发展预留空间。执行制度现代化，涉及执行主体制度、执行行为制度、执行救济制度等整个制度体系，以及执行机关、执行客体、执行当事人等各个方面的具体制度。反映时代需要、代表发展方向，是制度设计时的基本考虑。要始终坚持法治原则，大力推行公正执行、善意执行、文明执行。要全面加强制度建设，确保强制执行规范有序。

（二）实现执行制度创新和执行实践创新的良性互动

法律是用来调整社会关系的制度设置。制定《民事强制执行法》，不能墨守成规，满足于将现有做法上升为法律，而应当紧紧盯住实践中的问题进行制度层面的集成创新。《全球执行准则》第 10 条规定了替代式或参与式执行，第 29 条规定了多样化的执行措施，第 30 条规定根据被扣押财产的属性采取执行措施，都是保持了一种开放的姿态，而非墨守成规。我国现行执行规则体系仍不够健全，既有做法也有改进空间。建议在强制执行立法中，聚焦参与分配顺位、共有财产执行、规避执行等实践难题，加大制度创新力度，构建完整的执行行为制度，完善执行救济体系，增设申请执行人的代位权规定，建立符合执行工作需要的执行送达制度，强化强制执行的社会导向效应和经济社会职能。

（三）高度重视新兴技术应用

当前，第四次工业革命和产业变革方兴未艾，大数据、人工智能、区块链等新兴技术快速发展，给执行工作带来了重要的技术支撑。《全球执行准则》第 12 条规定了新技术的使用问题，《执行工作良好实践全球指南》也专门规定了“新技术的充分利用”问题。我国近年来实现了信息技术与执行工作的深度融合，构建了覆盖财产调查、财产处置、执行款发还、执行案件管理、债务人信用惩戒、异地委托执行等多领域的网络系统，取得了良好的执行效果和社会效果。强制执行立法不仅要对符合现代化发展趋势、富有实践成效的做法予以肯定和吸收，还要从理念上对网络信息手段予以重视，在法律框架下为其新的应用提供可能。

（四）理性借鉴其他国家和地区成例

民事强制执行法和民事诉讼法是民事诉讼领域的两部重大基本法律，很多大陆法系国家和地区在民事诉讼法之外都有独立的民事强制执行法，比如法国、日本、俄罗斯等。制定《民事强制执行法》，应当充分学习借鉴其他国家和地区的一些成熟的经验做法，去粗存精，为我所用。比如实践中，债务人提出债权消灭等涉实体异议的，也是通过执行异议程序解决，存在以执代审、对当事人权益保障不充分等问题；为此，可以参照其他国家和地区相关规定引入债务人异议之诉制度。又如，我国到期债权执行中，一旦被执行人的次债务人在法定期限内提出异议，法院将不得审查亦无法推进执行，执行效果不理想，如果次债务人与被执行人串通后恶意提出异议，执行法院对此缺乏应对武器；为此，可以参考日本和我国台湾地区的收取诉讼制度，规定在次债务人提出异议后，执行债权人可以以次债务人为被告向执行法院提出债权收取诉讼，同时增加规定对次债务人虚假陈述予以惩处的条款，从而大大提升债权执行的效果。再如，我国各类财产查封由于查封期限的存在，让续封工作占用了不少司法资源，为此，可以参考其他国家和地区均未规定查封最长期限的惯例，取消对查封期限的限制。

（五）坚持和发扬中国模式优势

经过七十余年的实践和发展，中国特色执行制度、机制和模式已基本形成，执行质效处于世界第一方阵。我国强制执行的最主要“特色”是实行由法院集中行使执行权的“一元制”模式和积极作为的执行能动主义。实践证明，这种模式有利于维护司法权威和公信力，强化法院内部立、审、执协调配合，避免程序烦琐增加当事人讼累，提高人民群众的权益保障程度。2019 年 1 月，世界执行大会在上海召开，最高人民法院向与会的 29 个国家和 2 个国际组织代表介绍了中国执行工作取得的成就和探索的经验，与会各方一致认为中国特色执行制度、机制和模式丰富了国际实践，为国际执行法治发展提供了中国经验和中国智慧。2019 年 10 月，世界银行发布《全球营商环境报告 2020》，我国营商环境全球排名从上期的第 46 位跃升至第 31 位，连续两年跻身全球优化营商环境改善幅度最大的十大经济体。其中最为突出的就是“执行合同”指标。中国特色执行制度、机制和模式的优势已经显现，需要进一步坚持和发扬。

【执行信箱】

执行清偿顺序问题解答

马 岚*

编者按：本期“执行信箱”就执行实践中多个普通债权人对同一被执行人申请执行的清偿顺序问题进行了解答，以便大家理解、参考。

Q 问 Question 对同一被执行人的普通债权应当如何确定清偿顺序？是适用比例原则还是适用执行措施优先原则确定财产分配顺序，现行司法解释关于这一问题的规定是否相互冲突？

答 为确保《中华人民共和国民法典》的统一正确实施，最高人民法院在2020年年底对相关司法解释和规范性文件进行了全面清理。其中，保留了《最高人民法院关于适用〈中华人民共和国民事诉讼法〉的解释》（以下简称《民事诉讼法解释》）第510条①的规定，即对于同一被执行人的普通债权，原则上债权人可按照其占全部申请参与分配债权数额的比例受偿。在对《最高人民法院关于人民法院执行工作若干问题的规定（试行）》（以下简称《执行工作规定》）进行修正时，删去了第89条、第90条、第92条至第96条的规定，保留了第88条（现第55

---

* 最高人民法院执行局综合办公室审判员，三级高级法官。

① 2022年修改后的《民事诉讼法解释》第508条，下同。

条）的规定，即规定多份生效法律文书确定金钱给付内容的多个债权人分别对同一被执行人申请执行，各债权人对执行标的物均无担保物权的，按照执行法院采取执行措施的先后顺序受偿。由此产生一个问题，对同一被执行人的财产不足以清偿多份生效法律文书确定金钱给付内容的多个债权人的普通债权的情形下，是适用比例原则还是适用执行措施优先原则确定财产分配顺序？

关于多个债权人申请执行同一被执行人的清偿顺序问题，此次司法解释清理过程中，为避免与《民事诉讼法解释》相关条文重复，删去了《执行工作规定》原第89条、第90条、第92条至96条的规定，但保留了《执行工作规定》第55条（原第88条）规定。《执行工作规定》第55条条文确定了关于清偿顺序的三种处理原则：第1款规定多个债权人均具有金钱给付内容的债权，且对执行标的物均无担保物权的，按照执行法院采取执行措施的先后顺序受偿，即适用优先主义原则；第2款规定债权人的债权种类不同的，基于所有权和担保物权而享有的债权优先于金钱债权受偿，有多个担保物权的，按照各担保物权成立的先后顺序清偿；第3款规定一份生效法律文书确定金钱给付内容的多个债权人申请执行，执行财产不足以清偿债务，各债权人对执行标的物均无担保物权的，按照各债权数额比例受偿，即平等主义原则。《民事诉讼法解释》对于被执行人的财产不足以清偿全部债务的处理原则进一步予以明确，第508条①、第510条规定了被执行人为公民或其他组织的适用参与分配程序，按照平等主义原则，普通债权人按照债权数额比例受偿；第513条②规定了被执行人为企业法人的执行转破产程序。以上条文构成了对于多个债权人申请执行同一被执行人的清偿顺序问题的体系化规定。

实践中，有一种观点认为，《执行工作规定》第55条第1款规定的优先主义原则与《民事诉讼法解释》第510条规定的按债权数额比例参与分配的平等主义原则完全不同，存在冲突，我们认为该认识系对《执

① 2022年修改后的《民事诉讼法解释》第506条，下同。

② 2022年修改后的《民事诉讼法解释》第511条，下同。

行工作规定》第 55 条第 1 款内容的错误理解，混淆了优先主义原则与平等主义原则的适用情形。《执行工作规定》第 55 条第 1 款确定的优先主义原则应理解为执行程序中的一般处理原则，而非适用于被执行人资不抵债、申请执行人参与分配或执行转破产的情形，该部分规定内容与《民事诉讼法解释》第 508 条、第 510 条、第 513 条规定的体系与原则并无矛盾冲突。

综上，多个普通债权人对于同一被执行人申请执行，根据被执行人的主体性质和财产状况，优先主义原则与平等比例原则适用的情形有所区别。优先主义原则适用于以下情形：（1）被执行人为公民或其他组织，可供执行的财产足以清偿全部债务；（2）被执行人为企业法人，可供执行的财产足以清偿全部债务。符合上述情形之一的，按照执行法院采取执行措施的先后顺序受偿。平等主义原则适用于以下情形：（1）被执行人为公民或其他组织，其可供执行的财产不足清偿全部债务；（2）同一份生效法律文书确定的债权，且被执行人可供执行的财产不足清偿全部债务。符合上述情形之一的，依照《民事诉讼法解释》的相关规定，通过参与分配程序，按照普通债权数额比例进行分配受偿。

【最新法律文件】

中华人民共和国个人信息保护法

（2021年8月20日第十三届全国人民代表大会常务委员会第三十次会议通过
2021年8月20日中华人民共和国主席令第九十一号公布
自2021年11月1日起施行）

目　　录

第一章　总　　则

第一条　为了保护个人信息权益，规范个人信息处理活动，促进个人信息合理利用，根据宪法，制定本法。

第二条 自然人的个人信息受法律保护，任何组织、个人不得侵害自然人的个人信息权益。

第三条 在中华人民共和国境内处理自然人个人信息的活动，适用本法。

在中华人民共和国境外处理中华人民共和国境内自然人个人信息的活动，有下列情形之一的，也适用本法：

（一）以向境内自然人提供产品或者服务为目的；

（二）分析、评估境内自然人的行为；

（三）法律、行政法规规定的其他情形。

第四条 个人信息是以电子或者其他方式记录的与已识别或者可识别的自然人有关的各种信息，不包括匿名化处理后的信息。

个人信息的处理包括个人信息的收集、存储、使用、加工、传输、提供、公开、删除等。

第五条 处理个人信息应当遵循合法、正当、必要和诚信原则，不得通过误导、欺诈、胁迫等方式处理个人信息。

第六条 处理个人信息应当具有明确、合理的目的，并应当与处理目的直接相关，采取对个人权益影响最小的方式。

收集个人信息，应当限于实现处理目的的最小范围，不得过度收集个人信息。

第七条 处理个人信息应当遵循公开、透明原则，公开个人信息处理规则，明示处理的目的、方式和范围。

第八条 处理个人信息应当保证个人信息的质量，避免因个人信息不准确、不完整对个人权益造成不利影响。

第九条 个人信息处理者应当对其个人信息处理活动负责，并采取必要措施保障所处理的个人信息的安全。

第十条 任何组织、个人不得非法收集、使用、加工、传输他人个人信息，不得非法买卖、提供或者公开他人个人信息；不得从事危害国家安全、公共利益的个人信息处理活动。

第十一条　国家建立健全个人信息保护制度，预防和惩治侵害个人信息权益的行为，加强个人信息保护宣传教育，推动形成政府、企业、相关社会组织、公众共同参与个人信息保护的良好环境。

第十二条　国家积极参与个人信息保护国际规则的制定，促进个人信息保护方面的国际交流与合作，推动与其他国家、地区、国际组织之间的个人信息保护规则、标准等互认。

第二章　个人信息处理规则

第一节　一般规定

第十三条　符合下列情形之一的，个人信息处理者方可处理个人信息：

（一）取得个人的同意；

（二）为订立、履行个人作为一方当事人的合同所必需，或者按照依法制定的劳动规章制度和依法签订的集体合同实施人力资源管理所必需；

（三）为履行法定职责或者法定义务所必需；

（四）为应对突发公共卫生事件，或者紧急情况下为保护自然人的生命健康和财产安全所必需；

（五）为公共利益实施新闻报道、舆论监督等行为，在合理的范围内处理个人信息；

（六）依照本法规定在合理的范围内处理个人自行公开或者其他已经合法公开的个人信息；

（七）法律、行政法规规定的其他情形。

依照本法其他有关规定，处理个人信息应当取得个人同意，但是有前款第二项至第七项规定情形的，不需取得个人同意。

第十四条　基于个人同意处理个人信息的，该同意应当由个人在充分知情的前提下自愿、明确作出。法律、行政法规规定处理个人信息应当取得个人单独同意或者书面同意的，从其规定。

个人信息的处理目的、处理方式和处理的个人信息种类发生变更的，应当重新取得个人同意。

第十五条 基于个人同意处理个人信息的，个人有权撤回其同意。个人信息处理者应当提供便捷的撤回同意的方式。

个人撤回同意，不影响撤回前基于个人同意已进行的个人信息处理活动的效力。

第十六条 个人信息处理者不得以个人不同意处理其个人信息或者撤回同意为由，拒绝提供产品或者服务；处理个人信息属于提供产品或者服务所必需的除外。

第十七条 个人信息处理者在处理个人信息前，应当以显著方式、清晰易懂的语言真实、准确、完整地向个人告知下列事项：

（一）个人信息处理者的名称或者姓名和联系方式；

（二）个人信息的处理目的、处理方式，处理的个人信息种类、保存期限；

（三）个人行使本法规定权利的方式和程序；

（四）法律、行政法规规定应当告知的其他事项。

前款规定事项发生变更的，应当将变更部分告知个人。

个人信息处理者通过制定个人信息处理规则的方式告知第一款规定事项的，处理规则应当公开，并且便于查阅和保存。

第十八条 个人信息处理者处理个人信息，有法律、行政法规规定应当保密或者不需要告知的情形的，可以不向个人告知前条第一款规定的事项。

紧急情况下为保护自然人的生命健康和财产安全无法及时向个人告知的，个人信息处理者应当在紧急情况消除后及时告知。

第十九条 除法律、行政法规另有规定外，个人信息的保存期限应当为实现处理目的所必要的最短时间。

第二十条 两个以上的个人信息处理者共同决定个人信息的处理目的和处理方式的，应当约定各自的权利和义务。但是，该约定不影响个人向其中任何一个个人信息处理者要求行使本法规定的权利。

个人信息处理者共同处理个人信息，侵害个人信息权益造成损害的，应当依法承担连带责任。

第二十一条 个人信息处理者委托处理个人信息的，应当与受托人约定委托处理的目的、期限、处理方式、个人信息的种类、保护措施以及双方的权利和义务等，并对受托人的个人信息处理活动进行监督。

受托人应当按照约定处理个人信息，不得超出约定的处理目的、处理方式等处理个人信息；委托合同不生效、无效、被撤销或者终止的，受托人应当将个人信息返还个人信息处理者或者予以删除，不得保留。

未经个人信息处理者同意，受托人不得转委托他人处理个人信息。

第二十二条 个人信息处理者因合并、分立、解散、被宣告破产等原因需要转移个人信息的，应当向个人告知接收方的名称或者姓名和联系方式。接收方应当继续履行个人信息处理者的义务。接收方变更原先的处理目的、处理方式的，应当依照本法规定重新取得个人同意。

第二十三条 个人信息处理者向其他个人信息处理者提供其处理的个人信息的，应当向个人告知接收方的名称或者姓名、联系方式、处理目的、处理方式和个人信息的种类，并取得个人的单独同意。接收方应当在上述处理目的、处理方式和个人信息的种类等范围内处理个人信息。接收方变更原先的处理目的、处理方式的，应当依照本法规定重新取得个人同意。

第二十四条 个人信息处理者利用个人信息进行自动化决策，应当保证决策的透明度和结果公平、公正，不得对个人在交易价格等交易条件上实行不合理的差别待遇。

通过自动化决策方式向个人进行信息推送、商业营销，应当同时提供不针对其个人特征的选项，或者向个人提供便捷的拒绝方式。

通过自动化决策方式作出对个人权益有重大影响的决定，个人有权要求个人信息处理者予以说明，并有权拒绝个人信息处理者仅通过自动化决策的方式作出决定。

第二十五条 个人信息处理者不得公开其处理的个人信息，取得个人单独同意的除外。

第二十六条 在公共场所安装图像采集、个人身份识别设备，应当为维护公共安全所必需，遵守国家有关规定，并设置显著的提示标识。所收集的个人图像、身份识别信息只能用于维护公共安全的目的，不得用于其他目的；取得个人单独同意的除外。

第二十七条 个人信息处理者可以在合理的范围内处理个人自行公开或者其他已经合法公开的个人信息；个人明确拒绝的除外。个人信息处理者处理已公开的个人信息，对个人权益有重大影响的，应当依照本法规定取得个人同意。

第二节 敏感个人信息的处理规则

第二十八条 敏感个人信息是一旦泄露或者非法使用，容易导致自然人的人格尊严受到侵害或者人身、财产安全受到危害的个人信息，包括生物识别、宗教信仰、特定身份、医疗健康、金融账户、行踪轨迹等信息，以及不满十四周岁未成年人的个人信息。

只有在具有特定的目的和充分的必要性，并采取严格保护措施的情形下，个人信息处理者方可处理敏感个人信息。

第二十九条 处理敏感个人信息应当取得个人的单独同意；法律、行政法规规定处理敏感个人信息应当取得书面同意的，从其规定。

第三十条 个人信息处理者处理敏感个人信息的，除本法第十七条第一款规定的事项外，还应当向个人告知处理敏感个人信息的必要性以及对个人权益的影响；依照本法规定可以不向个人告知的除外。

第三十一条 个人信息处理者处理不满十四周岁未成年人个人信息的，应当取得未成年人的父母或者其他监护人的同意。

个人信息处理者处理不满十四周岁未成年人个人信息的，应当制定专门的个人信息处理规则。

第三十二条 法律、行政法规对处理敏感个人信息规定应当取得相关行政许可或者作出其他限制的，从其规定。

第三节 国家机关处理个人信息的特别规定

第三十三条 国家机关处理个人信息的活动，适用本法；本节有特别规定的，适用本节规定。

第三十四条 国家机关为履行法定职责处理个人信息，应当依照法律、行政法规规定的权限、程序进行，不得超出履行法定职责所必需的范围和限度。

第三十五条 国家机关为履行法定职责处理个人信息，应当依照本法规定履行告知义务；有本法第十八条第一款规定的情形，或者告知将妨碍国家机关履行法定职责的除外。

第三十六条 国家机关处理的个人信息应当在中华人民共和国境内存储；确需向境外提供的，应当进行安全评估。安全评估可以要求有关部门提供支持与协助。

第三十七条 法律、法规授权的具有管理公共事务职能的组织为履行法定职责处理个人信息，适用本法关于国家机关处理个人信息的规定。

第三章 个人信息跨境提供的规则

第三十八条 个人信息处理者因业务等需要，确需向中华人民共和国境外提供个人信息的，应当具备下列条件之一：

（一）依照本法第四十条的规定通过国家网信部门组织的安全评估；

（二）按照国家网信部门的规定经专业机构进行个人信息保护认证；

（三）按照国家网信部门制定的标准合同与境外接收方订立合同，约定双方的权利和义务；

（四）法律、行政法规或者国家网信部门规定的其他条件。

中华人民共和国缔结或者参加的国际条约、协定对向中华人民共和国境外提供个人信息的条件等有规定的，可以按照其规定执行。

个人信息处理者应当采取必要措施，保障境外接收方处理个人信息的活动达到本法规定的个人信息保护标准。

第三十九条 个人信息处理者向中华人民共和国境外提供个人信息的，应当向个人告知境外接收方的名称或者姓名、联系方式、处理目的、处理方式、个人信息的种类以及个人向境外接收方行使本法规定权利的方式和程序等事项，并取得个人的单独同意。

第四十条 关键信息基础设施运营者和处理个人信息达到国家网信部门规定数量的个人信息处理者，应当将在中华人民共和国境内收集和产生的个人信息存储在境内。确需向境外提供的，应当通过国家网信部门组织的安全评估；法律、行政法规和国家网信部门规定可以不进行安全评估的，从其规定。

第四十一条 中华人民共和国主管机关根据有关法律和中华人民共和国缔结或者参加的国际条约、协定，或者按照平等互惠原则，处理外国司法或者执法机构关于提供存储于境内个人信息的请求。非经中华人民共和国主管机关批准，个人信息处理者不得向外国司法或者执法机构提供存储于中华人民共和国境内的个人信息。

第四十二条 境外的组织、个人从事侵害中华人民共和国公民的个人信息权益，或者危害中华人民共和国国家安全、公共利益的个人信息处理活动的，国家网信部门可以将其列入限制或者禁止个人信息提供清单，予以公告，并采取限制或者禁止向其提供个人信息等措施。

第四十三条 任何国家或者地区在个人信息保护方面对中华人民共和国采取歧视性的禁止、限制或者其他类似措施的，中华人民共和国可以根据实际情况对该国家或者地区对等采取措施。

第四章 个人在个人信息处理活动中的权利

第四十四条 个人对其个人信息的处理享有知情权、决定权，有权限制或者拒绝他人对其个人信息进行处理；法律、行政法规另有规定的除外。

第四十五条 个人有权向个人信息处理者查阅、复制其个人信息；有本法第十八条第一款、第三十五条规定情形的除外。

个人请求查阅、复制其个人信息的，个人信息处理者应当及时提供。

个人请求将个人信息转移至其指定的个人信息处理者，符合国家网信部门规定条件的，个人信息处理者应当提供转移的途径。

第四十六条 个人发现其个人信息不准确或者不完整的，有权请求个人信息处理者更正、补充。

个人请求更正、补充其个人信息的，个人信息处理者应当对其个人信息予以核实，并及时更正、补充。

第四十七条 有下列情形之一的，个人信息处理者应当主动删除个人信息；个人信息处理者未删除的，个人有权请求删除：

（一）处理目的已实现、无法实现或者为实现处理目的不再必要；

（二）个人信息处理者停止提供产品或者服务，或者保存期限已届满；

（三）个人撤回同意；

（四）个人信息处理者违反法律、行政法规或者违反约定处理个人信息；

（五）法律、行政法规规定的其他情形。

法律、行政法规规定的保存期限未届满，或者删除个人信息从技术上难以实现的，个人信息处理者应当停止除存储和采取必要的安全保护措施之外的处理。

第四十八条 个人有权要求个人信息处理者对其个人信息处理规则进行解释说明。

第四十九条 自然人死亡的，其近亲属为了自身的合法、正当利益，可以对死者的相关个人信息行使本章规定的查阅、复制、更正、删除等权利；死者生前另有安排的除外。

第五十条 个人信息处理者应当建立便捷的个人行使权利的申请受理和处理机制。拒绝个人行使权利的请求的，应当说明理由。

个人信息处理者拒绝个人行使权利的请求的，个人可以依法向人民法院提起诉讼。

第五章 个人信息处理者的义务

第五十一条 个人信息处理者应当根据个人信息的处理目的、处理方式、个人信息的种类以及对个人权益的影响、可能存在的安全风险等，采取下列措施确保个人信息处理活动符合法律、行政法规的规定，并防止未经授权的访问以及个人信息泄露、篡改、丢失：

（一）制定内部管理制度和操作规程；

（二）对个人信息实行分类管理；

（三）采取相应的加密、去标识化等安全技术措施；

（四）合理确定个人信息处理的操作权限，并定期对从业人员进行安全教育和培训；

（五）制定并组织实施个人信息安全事件应急预案；

（六）法律、行政法规规定的其他措施。

第五十二条 处理个人信息达到国家网信部门规定数量的个人信息处理者应当指定个人信息保护负责人，负责对个人信息处理活动以及采取的保护措施等进行监督。

个人信息处理者应当公开个人信息保护负责人的联系方式，并将个人信息保护负责人的姓名、联系方式等报送履行个人信息保护职责的部门。

第五十三条 本法第三条第二款规定的中华人民共和国境外的个人信息处理者，应当在中华人民共和国境内设立专门机构或者指定代表，负责处理个人信息保护相关事务，并将有关机构的名称或者代表的姓名、联系方式等报送履行个人信息保护职责的部门。

第五十四条 个人信息处理者应当定期对其处理个人信息遵守法律、行政法规的情况进行合规审计。

第五十五条 有下列情形之一的，个人信息处理者应当事前进行个人信息保护影响评估，并对处理情况进行记录：

（一）处理敏感个人信息；

（二）利用个人信息进行自动化决策；

（三）委托处理个人信息、向其他个人信息处理者提供个人信息、公开个人信息；

（四）向境外提供个人信息；

（五）其他对个人权益有重大影响的个人信息处理活动。

第五十六条 个人信息保护影响评估应当包括下列内容：

（一）个人信息的处理目的、处理方式等是否合法、正当、必要；

（二）对个人权益的影响及安全风险；

（三）所采取的保护措施是否合法、有效并与风险程度相适应。

个人信息保护影响评估报告和处理情况记录应当至少保存三年。

第五十七条 发生或者可能发生个人信息泄露、篡改、丢失的，个人信息处理者应当立即采取补救措施，并通知履行个人信息保护职责的部门和个人。通知应当包括下列事项：

（一）发生或者可能发生个人信息泄露、篡改、丢失的信息种类、原因和可能造成的危害；

（二）个人信息处理者采取的补救措施和个人可以采取的减轻危害的措施；

（三）个人信息处理者的联系方式。

个人信息处理者采取措施能够有效避免信息泄露、篡改、丢失造成危害的，个人信息处理者可以不通知个人；履行个人信息保护职责的部门认为可能造成危害的，有权要求个人信息处理者通知个人。

第五十八条 提供重要互联网平台服务、用户数量巨大、业务类型复杂的个人信息处理者，应当履行下列义务：

（一）按照国家规定建立健全个人信息保护合规制度体系，成立主要由外部成员组成的独立机构对个人信息保护情况进行监督；

（二）遵循公开、公平、公正的原则，制定平台规则，明确平台内产品或者服务提供者处理个人信息的规范和保护个人信息的义务；

（三）对严重违反法律、行政法规处理个人信息的平台内的产品或者服务提供者，停止提供服务；

（四）定期发布个人信息保护社会责任报告，接受社会监督。

第五十九条 接受委托处理个人信息的受托人，应当依照本法和有关法律、行政法规的规定，采取必要措施保障所处理的个人信息的安全，并协助个人信息处理者履行本法规定的义务。

第六章 履行个人信息保护职责的部门

第六十条 国家网信部门负责统筹协调个人信息保护工作和相关监督管理工作。国务院有关部门依照本法和有关法律、行政法规的规定，在各自职责范围内负责个人信息保护和监督管理工作。

县级以上地方人民政府有关部门的个人信息保护和监督管理职责，按照国家有关规定确定。

前两款规定的部门统称为履行个人信息保护职责的部门。

第六十一条 履行个人信息保护职责的部门履行下列个人信息保护职责：

（一）开展个人信息保护宣传教育，指导、监督个人信息处理者开展个人信息保护工作；

（二）接受、处理与个人信息保护有关的投诉、举报；

（三）组织对应用程序等个人信息保护情况进行测评，并公布测评结果；

（四）调查、处理违法个人信息处理活动；

（五）法律、行政法规规定的其他职责。

第六十二条 国家网信部门统筹协调有关部门依据本法推进下列个人信息保护工作：

（一）制定个人信息保护具体规则、标准；

（二）针对小型个人信息处理者、处理敏感个人信息以及人脸识别、人工智能等新技术、新应用，制定专门的个人信息保护规则、标准；

（三）支持研究开发和推广应用安全、方便的电子身份认证技术，推进网络身份认证公共服务建设；

（四）推进个人信息保护社会化服务体系建设，支持有关机构开展个人信息保护评估、认证服务；

（五）完善个人信息保护投诉、举报工作机制。

第六十三条 履行个人信息保护职责的部门履行个人信息保护职责，可以采取下列措施：

（一）询问有关当事人，调查与个人信息处理活动有关的情况；

（二）查阅、复制当事人与个人信息处理活动有关的合同、记录、账簿以及其他有关资料；

（三）实施现场检查，对涉嫌违法的个人信息处理活动进行调查；

（四）检查与个人信息处理活动有关的设备、物品；对有证据证明是用于违法个人信息处理活动的设备、物品，向本部门主要负责人书面报告并经批准，可以查封或者扣押。

履行个人信息保护职责的部门依法履行职责，当事人应当予以协助、配合，不得拒绝、阻挠。

第六十四条 履行个人信息保护职责的部门在履行职责中，发现个人信息处理活动存在较大风险或者发生个人信息安全事件的，可以按照规定的权限和程序对该个人信息处理者的法定代表人或者主要负责人进行约谈，或者要求个人信息处理者委托专业机构对其个人信息处理活动进行合规审计。个人信息处理者应当按照要求采取措施，进行整改，消除隐患。

履行个人信息保护职责的部门在履行职责中，发现违法处理个人信息涉嫌犯罪的，应当及时移送公安机关依法处理。

第六十五条 任何组织、个人有权对违法个人信息处理活动向履行个人信息保护职责的部门进行投诉、举报。收到投诉、举报的部门应当依法及时处理，并将处理结果告知投诉、举报人。

履行个人信息保护职责的部门应当公布接受投诉、举报的联系方式。

第七章 法律责任

第六十六条 违反本法规定处理个人信息，或者处理个人信息未履行本法规定的个人信息保护义务的，由履行个人信息保护职责的部门责令改正，给予警告，没收违法所得，对违法处理个人信息的应用程序，责令暂停或者终止提供服务；拒不改正的，并处一百万元以下罚款；对直接负责的主管人员和其他直接责任人员处一万元以上十万元以下罚款。

有前款规定的违法行为，情节严重的，由省级以上履行个人信息保护职责的部门责令改正，没收违法所得，并处五千万元以下或者上一年度营业额百分之五以下罚款，并可以责令暂停相关业务或者停业整顿、通报有关主管部门吊销相关业务许可或者吊销营业执照；对直接负责的主管人员和其他直接责任人员处十万元以上一百万元以下罚款，并可以决定禁止其在一定期限内担任相关企业的董事、监事、高级管理人员和个人信息保护负责人。

第六十七条 有本法规定的违法行为的，依照有关法律、行政法规的规定记入信用档案，并予以公示。

第六十八条 国家机关不履行本法规定的个人信息保护义务的，由其上级机关或者履行个人信息保护职责的部门责令改正；对直接负责的主管人员和其他直接责任人员依法给予处分。

履行个人信息保护职责的部门的工作人员玩忽职守、滥用职权、徇私舞弊，尚不构成犯罪的，依法给予处分。

第六十九条 处理个人信息侵害个人信息权益造成损害，个人信息处理者不能证明自己没有过错的，应当承担损害赔偿等侵权责任。

前款规定的损害赔偿责任按照个人因此受到的损失或者个人信息处理者因此获得的利益确定；个人因此受到的损失和个人信息处理者因此获得的利益难以确定的，根据实际情况确定赔偿数额。

第七十条 个人信息处理者违反本法规定处理个人信息，侵害众多个人的权益的，人民检察院、法律规定的消费者组织和由国家网信部门确定的组织可以依法向人民法院提起诉讼。

第七十一条 违反本法规定，构成违反治安管理行为的，依法给予治安管理处罚；构成犯罪的，依法追究刑事责任。

第八章 附 则

第七十二条 自然人因个人或者家庭事务处理个人信息的，不适用本法。

法律对各级人民政府及其有关部门组织实施的统计、档案管理活动中的个人信息处理有规定的，适用其规定。

第七十三条 本法下列用语的含义：

（一）个人信息处理者，是指在个人信息处理活动中自主决定处理目的、处理方式的组织、个人。

（二）自动化决策，是指通过计算机程序自动分析、评估个人的行为习惯、兴趣爱好或者经济、健康、信用状况等，并进行决策的活动。

（三）去标识化，是指个人信息经过处理，使其在不借助额外信息的情况下无法识别特定自然人的过程。

（四）匿名化，是指个人信息经过处理无法识别特定自然人且不能复原的过程。

第七十四条 本法自 2021 年 11 月 1 日起施行。

最高人民法院

关于人民法院强制执行股权若干问题的规定

法释〔2021〕20 号

（2021 年 11 月 15 日最高人民法院审判委员会第 1850 次会议通过
2021 年 12 月 20 日最高人民法院公告公布　自 2022 年 1 月 1 日起施行）

为了正确处理人民法院强制执行股权中的有关问题，维护当事人、利害关系人的合法权益，根据《中华人民共和国民事诉讼法》《中华人民共和国公司法》等法律规定，结合执行工作实际，制定本规定。

第一条　本规定所称股权，包括有限责任公司股权、股份有限公司股份，但是在依法设立的证券交易所上市交易以及在国务院批准的其他全国性证券交易场所交易的股份有限公司股份除外。

第二条　被执行人是公司股东的，人民法院可以强制执行其在公司持有的股权，不得直接执行公司的财产。

第三条　依照民事诉讼法第二百二十四条的规定以被执行股权所在地确定管辖法院的，股权所在地是指股权所在公司的住所地。

第四条　人民法院可以冻结下列资料或者信息之一载明的属于被执行人的股权：

（一）股权所在公司的章程、股东名册等资料；

（二）公司登记机关的登记、备案信息；

（三）国家企业信用信息公示系统的公示信息。

案外人基于实体权利对被冻结股权提出排除执行异议的，人民法院应当依照民事诉讼法第二百二十七条的规定进行审查。

第五条 人民法院冻结被执行人的股权，以其价额足以清偿生效法律文书确定的债权额及执行费用为限，不得明显超标的额冻结。股权价额无法确定的，可以根据申请执行人申请冻结的比例或者数量进行冻结。

被执行人认为冻结明显超标的额的，可以依照民事诉讼法第二百二十五条的规定提出书面异议，并附证明股权等查封、扣押、冻结财产价额的证据材料。人民法院审查后裁定异议成立的，应当自裁定生效之日起七日内解除对明显超标的额部分的冻结。

第六条 人民法院冻结被执行人的股权，应当向公司登记机关送达裁定书和协助执行通知书，要求其在国家企业信用信息公示系统进行公示。股权冻结自在公示系统公示时发生法律效力。多个人民法院冻结同一股权的，以在公示系统先办理公示的为在先冻结。

依照前款规定冻结被执行人股权的，应当及时向被执行人、申请执行人送达裁定书，并将股权冻结情况书面通知股权所在公司。

第七条 被执行人就被冻结股权所作的转让、出质或者其他有碍执行的行为，不得对抗申请执行人。

第八条 人民法院冻结被执行人股权的，可以向股权所在公司送达协助执行通知书，要求其在实施增资、减资、合并、分立等对被冻结股权所占比例、股权价值产生重大影响的行为前向人民法院书面报告有关情况。人民法院收到报告后，应当及时通知申请执行人，但是涉及国家秘密、商业秘密的除外。

股权所在公司未向人民法院报告即实施前款规定行为的，依照民事诉讼法第一百一十四条的规定处理。

股权所在公司或者公司董事、高级管理人员故意通过增资、减资、合并、分立、转让重大资产、对外提供担保等行为导致被冻结股权价值严重贬损，影响申请执行人债权实现的，申请执行人可以依法提起诉讼。

第九条 人民法院冻结被执行人基于股权享有的股息、红利等收益，应当向股权所在公司送达裁定书，并要求其在该收益到期时通知人民法院。人民法院对到期的股息、红利等收益，可以书面通知股权所在公司向申请执行人或者人民法院履行。

股息、红利等收益被冻结后，股权所在公司擅自向被执行人支付或者变相支付的，不影响人民法院要求股权所在公司支付该收益。

第十条 被执行人申请自行变价被冻结股权，经申请执行人及其他已知执行债权人同意或者变价款足以清偿执行债务的，人民法院可以准许，但是应当在能够控制变价款的情况下监督其在指定期限内完成，最长不超过三个月。

第十一条 拍卖被执行人的股权，人民法院应当依照《最高人民法院关于人民法院确定财产处置参考价若干问题的规定》规定的程序确定股权处置参考价，并参照参考价确定起拍价。

确定参考价需要相关材料的，人民法院可以向公司登记机关、税务机关等部门调取，也可以责令被执行人、股权所在公司以及控制相关材料的其他主体提供；拒不提供的，可以强制提取，并可以依照民事诉讼法第一百一十一条、第一百一十四条的规定处理。

为确定股权处置参考价，经当事人书面申请，人民法院可以委托审计机构对股权所在公司进行审计。

第十二条 委托评估被执行人的股权，评估机构因缺少评估所需完整材料无法进行评估或者认为影响评估结果，被执行人未能提供且人民法院无法调取补充材料的，人民法院应当通知评估机构根据现有材料进行评估，并告知当事人因缺乏材料可能产生的不利后果。

评估机构根据现有材料无法出具评估报告的，经申请执行人书面申请，人民法院可以根据具体情况以适当高于执行费用的金额确定起拍价，但是股权所在公司经营严重异常，股权明显没有价值的除外。

依照前款规定确定的起拍价拍卖的，竞买人应当预交的保证金数额由人民法院根据实际情况酌定。

第十三条 人民法院拍卖被执行人的股权，应当采取网络司法拍卖方式。

依据处置参考价并结合具体情况计算，拍卖被冻结股权所得价款可能明显高于债权额及执行费用的，人民法院应当对相应部分的股权进行拍卖。对相应部分的股权拍卖严重减损被冻结股权价值的，经被执行人书面申请，也可以对超出部分的被冻结股权一并拍卖。

第十四条 被执行人、利害关系人以具有下列情形之一为由请求不得强制拍卖股权的，人民法院不予支持：

（一）被执行人未依法履行或者未依法全面履行出资义务；

（二）被执行人认缴的出资未届履行期限；

（三）法律、行政法规、部门规章等对该股权自行转让有限制；

（四）公司章程、股东协议等对该股权自行转让有限制。

人民法院对具有前款第一、二项情形的股权进行拍卖时，应当在拍卖公告中载明被执行人认缴出资额、实缴出资额、出资期限等信息。股权处置后，相关主体依照有关规定履行出资义务。

第十五条 股权变更应当由相关部门批准的，人民法院应当在拍卖公告中载明法律、行政法规或者国务院决定规定的竞买人应当具备的资格或者条件。必要时，人民法院可以就竞买资格或者条件征询相关部门意见。

拍卖成交后，人民法院应当通知买受人持成交确认书向相关部门申请办理股权变更批准手续。买受人取得批准手续的，人民法院作出拍卖成交裁定书；买受人未在合理期限内取得批准手续的，应当重新对股权进行拍卖。重新拍卖的，原买受人不得参加竞买。

买受人明知不符合竞买资格或者条件依然参加竞买，且在成交后未能在合理期限内取得相关部门股权变更批准手续的，交纳的保证金不予退还。保证金不足以支付拍卖产生的费用损失、弥补重新拍卖价款低于原拍卖价款差价的，人民法院可以裁定原买受人补交；拒不补交的，强制执行。

第十六条 生效法律文书确定被执行人交付股权，因股权所在公司在生效法律文书作出后增资或者减资导致被执行人实际持股比例降低或者升高的，人民法院应当按照下列情形分别处理：

（一）生效法律文书已经明确交付股权的出资额的，按照该出资额交付股权；

（二）生效法律文书仅明确交付一定比例的股权的，按照生效法律文书作出时该比例所对应出资额占当前公司注册资本总额的比例交付股权。

第十七条 在审理股东资格确认纠纷案件中，当事人提出要求公司签发出资证明书、记载于股东名册并办理公司登记机关登记的诉讼请求且其主张成立的，人民法院应当予以支持；当事人未提出前述诉讼请求的，可以根据案件具体情况向其释明。

生效法律文书仅确认股权属于当事人所有，当事人可以持该生效法律文书自行向股权所在公司、公司登记机关申请办理股权变更手续；向人民法院申请强制执行的，不予受理。

第十八条 人民法院对被执行人在其他营利法人享有的投资权益强制执行的，参照适用本规定。

第十九条 本规定自 2022 年 1 月 1 日起施行。

施行前本院公布的司法解释与本规定不一致的，以本规定为准。

附件：主要文书参考样式

×××人民法院
协助执行通知书

（××××）……执……号

×××市场监督管理局：

根据本院（××××）……执……号执行裁定，依照《中华人民共和国民事诉讼法》第二百四十二条、《最高人民法院关于人民法院强制执行股权若干问题的规定》第六条的规定，请协助执行下列事项：

一、对下列情况进行公示：冻结被执行人×××（证件种类、号码：……）持有×××……（股权的数额），冻结期限自××××年××月××日起至××××年××月××日止；

二、冻结期间，未经本院许可，在你局职权范围内，不得为被冻结股权办理______等有碍执行的事项（根据不同的公司类型、冻结需求，载明具体的协助执行事项）。

××××年××月××日

（院印）

经办人员：×××

联系电话：……

×××人民法院
协助执行通知书
（回执）

×××人民法院：

你院（××××）……执……号执行裁定书、（××××）……执……号协助执行通知书收悉，我局处理结果如下：

已于××××年××月××日在国家企业信用信息公示系统将你院冻结股权的情况进行公示，并将在我局职权范围内按照你院要求履行相关协助执行义务。

××××年××月××日

（公章）

经办人员：×××

联系电话：……

人民法院在线诉讼规则

法释〔2021〕12号

(2021年5月18日最高人民法院审判委员会第1838次会议通过
2021年6月16日最高人民法院公告公布
自2021年8月1日起施行)

为推进和规范在线诉讼活动，完善在线诉讼规则，依法保障当事人及其他诉讼参与人等诉讼主体的合法权利，确保公正高效审理案件，根据《中华人民共和国刑事诉讼法》《中华人民共和国民事诉讼法》《中华人民共和国行政诉讼法》等相关法律规定，结合人民法院工作实际，制定本规则。

第一条 人民法院、当事人及其他诉讼参与人等可以依托电子诉讼平台（以下简称“诉讼平台”），通过互联网或者专用网络在线完成立案、调解、证据交换、询问、庭审、送达等全部或者部分诉讼环节。

在线诉讼活动与线下诉讼活动具有同等法律效力。

第二条 人民法院开展在线诉讼应当遵循以下原则：

（一）公正高效原则。严格依法开展在线诉讼活动，完善审判流程，健全工作机制，加强技术保障，提高司法效率，保障司法公正。

（二）合法自愿原则。尊重和保障当事人及其他诉讼参与人对诉讼方式的选择权，未经当事人及其他诉讼参与人同意，人民法院不得强制或者变相强制适用在线诉讼。

（三）权利保障原则。充分保障当事人各项诉讼权利，强化提示、说明、告知义务，不得随意减少诉讼环节和减损当事人诉讼权益。

（四）便民利民原则。优化在线诉讼服务，完善诉讼平台功能，加强信息技术应用，降低当事人诉讼成本，提升纠纷解决效率。统筹兼顾不同群体司法需求，对未成年人、老年人、残障人士等特殊群体加强诉讼引导，提供相应司法便利。

（五）安全可靠原则。依法维护国家安全，保护国家秘密、商业秘密、个人隐私和个人信息，有效保障在线诉讼数据信息安全。规范技术应用，确保技术中立和平台中立。

第三条 人民法院综合考虑案件情况、当事人意愿和技术条件等因素，可以对以下案件适用在线诉讼：

（一）民事、行政诉讼案件；

（二）刑事速裁程序案件，减刑、假释案件，以及因其他特殊原因不宜线下审理的刑事案件；

（三）民事特别程序、督促程序、破产程序和非诉执行审查案件；

（四）民事、行政执行案件和刑事附带民事诉讼执行案件；

（五）其他适宜采取在线方式审理的案件。

第四条 人民法院开展在线诉讼，应当征得当事人同意，并告知适用在线诉讼的具体环节、主要形式、权利义务、法律后果和操作方法等。

人民法院应当根据当事人对在线诉讼的相应意思表示，作出以下处理：

（一）当事人主动选择适用在线诉讼的，人民法院可以不再另行征得其同意，相应诉讼环节可以直接在线进行；

（二）各方当事人均同意适用在线诉讼的，相应诉讼环节可以在线进行；

（三）部分当事人同意适用在线诉讼，部分当事人不同意的，相应诉讼环节可以采取同意方当事人线上、不同意方当事人线下的方式进行；

（四）当事人仅主动选择或者同意对部分诉讼环节适用在线诉讼的，

人民法院不得推定其对其他诉讼环节均同意适用在线诉讼。

对人民检察院参与的案件适用在线诉讼的，应当征得人民检察院同意。

第五条 在诉讼过程中，如存在当事人欠缺在线诉讼能力、不具备在线诉讼条件或者相应诉讼环节不宜在线办理等情形之一的，人民法院应当将相应诉讼环节转为线下进行。

当事人已同意对相应诉讼环节适用在线诉讼，但诉讼过程中又反悔的，应当在开展相应诉讼活动前的合理期限内提出。经审查，人民法院认为不存在故意拖延诉讼等不当情形的，相应诉讼环节可以转为线下进行。

在调解、证据交换、询问、听证、庭审等诉讼环节中，一方当事人要求其他当事人及诉讼参与人在线下参与诉讼的，应当提出具体理由。经审查，人民法院认为案件存在案情疑难复杂、需证人现场作证、有必要线下举证质证、陈述辩论等情形之一的，相应诉讼环节可以转为线下进行。

第六条 当事人已同意适用在线诉讼，但无正当理由不参与在线诉讼活动或者不作出相应诉讼行为，也未在合理期限内申请提出转为线下进行的，应当依照法律和司法解释的相关规定承担相应法律后果。

第七条 参与在线诉讼的诉讼主体应当先行在诉讼平台完成实名注册。人民法院应当通过证件证照在线比对、身份认证平台认证等方式，核实诉讼主体的实名手机号码、居民身份证件号码、护照号码、统一社会信用代码等信息，确认诉讼主体身份真实性。诉讼主体在线完成身份认证后，取得登录诉讼平台的专用账号。

参与在线诉讼的诉讼主体应当妥善保管诉讼平台专用账号和密码。除有证据证明存在账号被盗用或者系统错误的情形外，使用专用账号登录诉讼平台所作出的行为，视为被认证人本人行为。

人民法院在线开展调解、证据交换、庭审等诉讼活动，应当再次验证诉讼主体的身份；确有必要的，应当在线下进一步核实身份。

第八条 人民法院、特邀调解组织、特邀调解员可以通过诉讼平台、人民法院调解平台等开展在线调解活动。在线调解应当按照法律和司法解释相关规定进行，依法保护国家秘密、商业秘密、个人隐私和其他不宜公开的信息。

第九条 当事人采取在线方式提交起诉材料的，人民法院应当在收到材料后的法定期限内，在线作出以下处理：

（一）符合起诉条件的，登记立案并送达案件受理通知书、交纳诉讼费用通知书、举证通知书等诉讼文书；

（二）提交材料不符合要求的，及时通知其补正，并一次性告知补正内容和期限，案件受理时间自收到补正材料后次日重新起算；

（三）不符合起诉条件或者起诉材料经补正仍不符合要求，原告坚持起诉的，依法裁定不予受理或者不予立案；

当事人已在线提交符合要求的起诉状等材料的，人民法院不得要求当事人再提供纸质件。

上诉、申请再审、特别程序、执行等案件的在线受理规则，参照本条第一款、第二款规定办理。

第十条 案件适用在线诉讼的，人民法院应当通知被告、被上诉人或者其他诉讼参与人，询问其是否同意以在线方式参与诉讼。被通知人同意采用在线方式的，应当在收到通知的三日内通过诉讼平台验证身份、关联案件，并在后续诉讼活动中通过诉讼平台了解案件信息、接收和提交诉讼材料，以及实施其他诉讼行为。

被通知人未明确表示同意采用在线方式，且未在人民法院指定期限内注册登录诉讼平台的，针对被通知人的相关诉讼活动在线下进行。

第十一条 当事人可以在诉讼平台直接填写录入起诉状、答辩状、反诉状、代理意见等诉讼文书材料。

当事人可以通过扫描、翻拍、转录等方式，将线下的诉讼文书材料或者证据材料作电子化处理后上传至诉讼平台。诉讼材料为电子数据，且诉讼平台与存储该电子数据的平台已实现对接的，当事人可以将电子数据直接提交至诉讼平台。

当事人提交电子化材料确有困难的，人民法院可以辅助当事人将线下材料作电子化处理后导入诉讼平台。

第十二条 当事人提交的电子化材料，经人民法院审核通过后，可以直接在诉讼中使用。诉讼中存在下列情形之一的，人民法院应当要求当事人提供原件、原物：

（一）对方当事人认为电子化材料与原件、原物不一致，并提出合理理由和依据的；

（二）电子化材料呈现不完整、内容不清晰、格式不规范的；

（三）人民法院卷宗、档案管理相关规定要求提供原件、原物的；

（四）人民法院认为有必要提交原件、原物的。

第十三条 当事人提交的电子化材料，符合下列情形之一的，人民法院可以认定符合原件、原物形式要求：

（一）对方当事人对电子化材料与原件、原物的一致性未提出异议的；

（二）电子化材料形成过程已经过公证机构公证的；

（三）电子化材料已在之前诉讼中提交并经人民法院确认的；

（四）电子化材料已通过在线或者线下方式与原件、原物比对一致的；

（五）有其他证据证明电子化材料与原件、原物一致的。

第十四条 人民法院根据当事人选择和案件情况，可以组织当事人开展在线证据交换，通过同步或者非同步方式在线举证、质证。

各方当事人选择同步在线交换证据的，应当在人民法院指定的时间登录诉讼平台，通过在线视频或者其他方式，对已经导入诉讼平台的证据材料或者线下送达的证据材料副本，集中发表质证意见。

各方当事人选择非同步在线交换证据的，应当在人民法院确定的合理期限内，分别登录诉讼平台，查看已经导入诉讼平台的证据材料，并发表质证意见。

各方当事人均同意在线证据交换，但对具体方式无法达成一致意见的，适用同步在线证据交换。

第十五条 当事人作为证据提交的电子化材料和电子数据，人民法院应当按照法律和司法解释的相关规定，经当事人举证质证后，依法认定其真实性、合法性和关联性。未经人民法院查证属实的证据，不得作为认定案件事实的根据。

第十六条 当事人作为证据提交的电子数据系通过区块链技术存储，并经技术核验一致的，人民法院可以认定该电子数据上链后未经篡改，但有相反证据足以推翻的除外。

第十七条 当事人对区块链技术存储的电子数据上链后的真实性提出异议，并有合理理由的，人民法院应当结合下列因素作出判断：

（一）存证平台是否符合国家有关部门关于提供区块链存证服务的相关规定；

（二）当事人与存证平台是否存在利害关系，并利用技术手段不当干预取证、存证过程；

（三）存证平台的信息系统是否符合清洁性、安全性、可靠性、可用性的国家标准或者行业标准；

（四）存证技术和过程是否符合相关国家标准或者行业标准中关于系统环境、技术安全、加密方式、数据传输、信息验证等方面的要求。

第十八条 当事人提出电子数据上链存储前已不具备真实性，并提供证据证明或者说明理由的，人民法院应当予以审查。

人民法院根据案件情况，可以要求提交区块链技术存储电子数据的一方当事人，提供证据证明上链存储前数据的真实性，并结合上链存储前数据的具体来源、生成机制、存储过程、公证机构公证、第三方见证、关联印证数据等情况作出综合判断。当事人不能提供证据证明或者作出合理说明，该电子数据也无法与其他证据相互印证的，人民法院不予确认其真实性。

第十九条 当事人可以申请具有专门知识的人就区块链技术存储电

子数据相关技术问题提出意见。人民法院可以根据当事人申请或者依职权，委托鉴定区块链技术存储电子数据的真实性，或者调取其他相关证据进行核对。

第二十条 经各方当事人同意，人民法院可以指定当事人在一定期限内，分别登录诉讼平台，以非同步的方式开展调解、证据交换、调查询问、庭审等诉讼活动。

适用小额诉讼程序或者民事、行政简易程序审理的案件，同时符合下列情形的，人民法院和当事人可以在指定期限内，按照庭审程序环节分别录制参与庭审视频并上传至诉讼平台，非同步完成庭审活动：

（一）各方当事人同时在线参与庭审确有困难；

（二）一方当事人提出书面申请，各方当事人均表示同意；

（三）案件经过在线证据交换或者调查询问，各方当事人对案件主要事实和证据不存在争议。

第二十一条 人民法院开庭审理的案件，应当根据当事人意愿、案件情况、社会影响、技术条件等因素，决定是否采取视频方式在线庭审，但具有下列情形之一的，不得适用在线庭审：

（一）各方当事人均明确表示不同意，或者一方当事人表示不同意且有正当理由的；

（二）各方当事人均不具备参与在线庭审的技术条件和能力的；

（三）需要通过庭审现场查明身份、核对原件、查验实物的；

（四）案件疑难复杂、证据繁多，适用在线庭审不利于查明事实和适用法律的；

（五）案件涉及国家安全、国家秘密的；

（六）案件具有重大社会影响，受到广泛关注的；

（七）人民法院认为存在其他不宜适用在线庭审情形的。

采取在线庭审方式审理的案件，审理过程中发现存在上述情形之一的，人民法院应当及时转为线下庭审。已完成的在线庭审活动具有法律效力。

在线询问的适用范围和条件参照在线庭审的相关规则。

第二十二条 适用在线庭审的案件，应当按照法律和司法解释的相关规定开展庭前准备、法庭调查、法庭辩论等庭审活动，保障当事人申请回避、举证、质证、陈述、辩论等诉讼权利。

第二十三条 需要公告送达的案件，人民法院可以在公告中明确线上或者线下参与庭审的具体方式，告知当事人选择在线庭审的权利。被公告方当事人未在开庭前向人民法院表示同意在线庭审的，被公告方当事人适用线下庭审。其他同意适用在线庭审的当事人，可以在线参与庭审。

第二十四条 在线开展庭审活动，人民法院应当设置环境要素齐全的在线法庭。在线法庭应当保持国徽在显著位置，审判人员及席位名称等在视频画面合理区域。因存在特殊情形，确需在在线法庭之外的其他场所组织在线庭审的，应当报请本院院长同意。

出庭人员参加在线庭审，应当选择安静、无干扰、光线适宜、网络信号良好、相对封闭的场所，不得在可能影响庭审音频视频效果或者有损庭审严肃性的场所参加庭审。必要时，人民法院可以要求出庭人员到指定场所参加在线庭审。

第二十五条 出庭人员参加在线庭审应当尊重司法礼仪，遵守法庭纪律。人民法院根据在线庭审的特点，适用《中华人民共和国人民法院法庭规则》相关规定。

除确属网络故障、设备损坏、电力中断或者不可抗力等原因外，当事人无正当理由不参加在线庭审，视为“拒不到庭”；在庭审中擅自退出，经提示、警告后仍不改正的，视为“中途退庭”，分别按照相关法律和司法解释的规定处理。

第二十六条 证人通过在线方式出庭的，人民法院应当通过指定在线出庭场所、设置在线作证室等方式，保证其不旁听案件审理和不受他人干扰。当事人对证人在线出庭提出异议且有合理理由的，或者人民法院认为确有必要的，应当要求证人线下出庭作证。

鉴定人、勘验人、具有专门知识的人在线出庭的，参照前款规定执行。

第二十七条 适用在线庭审的案件，应当按照法律和司法解释的相关规定公开庭审活动。

对涉及国家安全、国家秘密、个人隐私的案件，庭审过程不得在互联网上公开。对涉及未成年人、商业秘密、离婚等民事案件，当事人申请不公开审理的，在线庭审过程可以不在互联网上公开。

未经人民法院同意，任何人不得违法违规录制、截取、传播涉及在线庭审过程的音频视频、图文资料。

第二十八条 在线诉讼参与人故意违反本规则第八条、第二十四条、第二十五条、第二十六条、第二十七条的规定，实施妨害在线诉讼秩序行为的，人民法院可以根据法律和司法解释关于妨害诉讼的相关规定作出处理。

第二十九条 经受送达人同意，人民法院可以通过送达平台，向受送达人的电子邮箱、即时通讯账号、诉讼平台专用账号等电子地址，按照法律和司法解释的相关规定送达诉讼文书和证据材料。

具备下列情形之一的，人民法院可以确定受送达人同意电子送达：

（一）受送达人明确表示同意的；

（二）受送达人在诉讼前对适用电子送达已作出约定或者承诺的；

（三）受送达人在提交的起诉状、上诉状、申请书、答辩状中主动提供用于接收送达的电子地址的；

（四）受送达人通过回复收悉、参加诉讼等方式接受已经完成的电子送达，并且未明确表示不同意电子送达的。

第三十条 人民法院可以通过电话确认、诉讼平台在线确认、线下发送电子送达确认书等方式，确认受送达人是否同意电子送达，以及受送达人接收电子送达的具体方式和地址，并告知电子送达的适用范围、效力、送达地址变更方式以及其他需告知的送达事项。

第三十一条 人民法院向受送达人主动提供或者确认的电子地址送

达的，送达信息到达电子地址所在系统时，即为送达。

受送达人未提供或者未确认有效电子送达地址，人民法院向能够确认为受送达人本人的电子地址送达的，根据下列情形确定送达是否生效：

（一）受送达人回复已收悉，或者根据送达内容已作出相应诉讼行为的，即为完成有效送达；

（二）受送达人的电子地址所在系统反馈受送达人已阅知，或者有其他证据可以证明受送达人已经收悉的，推定完成有效送达，但受送达人能够证明存在系统错误、送达地址非本人使用或者非本人阅知等未收悉送达内容的情形除外。

人民法院开展电子送达，应当在系统中全程留痕，并制作电子送达凭证。电子送达凭证具有送达回证效力。

对同一内容的送达材料采取多种电子方式发送受送达人的，以最先完成的有效送达时间作为送达生效时间。

第三十二条 人民法院适用电子送达，可以同步通过短信、即时通讯工具、诉讼平台提示等方式，通知受送达人查阅、接收、下载相关送达材料。

第三十三条 适用在线诉讼的案件，各方诉讼主体可以通过在线确认、电子签章等方式，确认和签收调解协议、笔录、电子送达凭证及其他诉讼材料。

第三十四条 适用在线诉讼的案件，人民法院应当在调解、证据交换、庭审、合议等诉讼环节同步形成电子笔录。电子笔录以在线方式核对确认后，与书面笔录具有同等法律效力。

第三十五条 适用在线诉讼的案件，人民法院应当利用技术手段随案同步生成电子卷宗，形成电子档案。电子档案的立卷、归档、存储、利用等，按照档案管理相关法律法规的规定执行。

案件无纸质材料或者纸质材料已经全部转化为电子材料的，第一审人民法院可以采用电子卷宗代替纸质卷宗进行上诉移送。

适用在线诉讼的案件存在纸质卷宗材料的，应当按照档案管理相关法律法规立卷、归档和保存。

第三十六条 执行裁决案件的在线立案、电子材料提交、执行和解、询问当事人、电子送达等环节，适用本规则的相关规定办理。

人民法院可以通过财产查控系统、网络询价评估平台、网络拍卖平台、信用惩戒系统等，在线完成财产查明、查封、扣押、冻结、划扣、变价和惩戒等执行实施环节。

第三十七条 符合本规定第三条第二项规定的刑事案件，经公诉人、当事人、辩护人同意，可以根据案件情况，采取在线方式讯问被告人、开庭审理、宣判等。

案件采取在线方式审理的，按照以下情形分别处理：

（一）被告人、罪犯被羁押的，可以在看守所、监狱等羁押场所在线出庭；

（二）被告人、罪犯未被羁押的，因特殊原因确实无法到庭的，可以在人民法院指定的场所在线出庭；

（三）证人、鉴定人一般应当在线下出庭，但法律和司法解释另有规定的除外。

第三十八条 参与在线诉讼的相关主体应当遵守数据安全和个人信息保护的相关法律法规，履行数据安全和个人信息保护义务。除人民法院依法公开的以外，任何人不得违法违规披露、传播和使用在线诉讼数据信息。出现上述情形的，人民法院可以根据具体情况，依照法律和司法解释关于数据安全、个人信息保护以及妨害诉讼的规定追究相关单位和人员法律责任，构成犯罪的，依法追究刑事责任。

第三十九条 本规则自 2021 年 8 月 1 日起施行。最高人民法院之前发布的司法解释涉及在线诉讼的规定与本规则不一致的，以本规则为准。

最高人民法院

关于印发《“十四五”时期人民法院工作规划纲要》的通知

2021年5月31日　　法发〔2021〕28号

各省、自治区、直辖市高级人民法院，解放军军事法院，新疆维吾尔自治区高级人民法院生产建设兵团分院：

现将《“十四五”时期人民法院工作规划纲要》印发给你们，请结合实际抓好贯彻落实。

“十四五”时期人民法院工作规划纲要

“十四五"时期是我国全面建成小康社会、实现第一个百年奋斗目标之后，乘势而上开启全面建设社会主义现代化国家新征程、向第二个百年奋斗目标进军的第一个五年。党的十九届五中全会对“十四五”时期经济社会发展作出全面部署。中央全面依法治国工作会议对当前和今后一个时期推进全面依法治国提出11个方面要求，为加快建设中国特色社会主义法治体系、建设社会主义法治国家指明了方向。为深入贯彻落实党的十九届五中全会和中央全面依法治国工作会议精神，贯彻落实中共中央印发的《法治中国建设规划（2020-2025年）》，贯彻落实《中华人民共和国国民经济和社会发展第十四个五年规划和2035年远景目标纲要》，扎实推进“十四五”时期人民法院各项工作，更好发挥司法服务保障经济社会发展职能作用，结合人民法院工作实际，制定本纲要。

一、总体要求

1. 指导思想。坚持以习近平新时代中国特色社会主义思想为指导，全面贯彻习近平法治思想，认真贯彻党的十九大和十九届二中、三中、四中、五中全会精神，增强“四个意识”、坚定“四个自信”、做到“两个维护”，牢牢坚持党对司法工作的绝对领导，坚定不移走中国特色社会主义法治道路，紧紧围绕努力让人民群众在每一个司法案件中感受到公平正义目标，坚持系统观念、法治思维、强基导向，坚持服务大局、司法为民、公正司法，坚持守正创新、稳中求进，以党的政治建设为统领，以推动高质量发展为主题，以深化司法责任制综合配套改革为动力，以智慧法院建设为支撑，以锻造过硬法院队伍为保障，奋力推动新时代人民法院工作高质量发展，为全面建设社会主义现代化国家、实现中华民族伟大复兴的中国梦提供有力司法保障。

2. 基本原则。坚持党的绝对领导，把党的领导和党的建设贯穿人民法院工作全过程，确保人民法院工作的正确方向；坚持以人民为中心，依法维护人民群众合法权益，更好满足人民群众日益增长的多元司法需求、对公平正义的更高期盼；坚持服务大局，准确把握立足新发展阶段、贯彻新发展理念、构建新发展格局、推动高质量发展要求，不断提高服务保障党和国家工作大局能力水平；坚持问题导向，系统研究解决制约人民法院工作发展的体制机制问题，注重防范化解重大风险挑战；坚持统筹推进，树立法院工作一盘棋、全国法院一盘棋思想，加强前瞻性思考、全局性谋划、战略性布局、整体性推进。

3. 总体目标。到 2025 年，人民法院党的领导更加坚强有力，社会主义法治理念牢固树立，组织体系更加健全，审判权运行机制更加科学高效，一站式多元解纷和诉讼服务体系全面落实，智慧法院建设实现新的突破，队伍整体素质进一步提高，审判体系和审判能力现代化建设取得实质性进展，中国特色社会主义司法制度更加成熟更加定型，司法质量、效率和公信力全面提升，人民法院各项工作深度融入党和国家工作大局，在法治国家、法治政府、法治社会建设中的职能作用得到充分发挥，人民群众日益增长的司法需求得到有效满足，社会公平正义进一步彰显。

二、服务高质量发展

4. 服务创新驱动发展。出台相关司法解释或司法政策，加大对关键核心技术以及新兴产业、重点领域、种源等知识产权司法保护力度。落实知识产权惩罚性赔偿制度，加大损害赔偿力度，有效遏制知识产权侵权行为。加强知识产权审判体系建设，完善民事、行政、刑事案件审判“三合一”工作机制，开展刑事附带民事诉讼试点，制定符合知识产权案件审判规律的诉讼规范。推动完善技术类知识产权案件诉讼制度和审判规则。健全知识产权行政执法和司法衔接机制。

5. 服务供给侧结构性改革。加大对新一代信息技术、新能源、新材料、高新设备等新兴产业司法保护力度，服务保障经济体系优化升级。统筹数据开发利用、隐私保护和公共安全，出台相关司法解释或司法政策，完善数据产权司法保护规则，妥善审理数据产权权属、交易等纠纷，服务数字经济健康发展。健全市场主体救治和退出机制，深化企业破产重整、预重整、执行转破产制度改革，探索无产可破案件简易退出机制，推动建立完善自然人破产制度。

6. 服务扩大内需战略。完善扩大内需司法政策支撑体系，积极营造有利于全面促进消费的法治环境。强化消费者权益保护，健全消费民事公益诉讼机制，对设置消费陷阱、霸王条款等行为依法追究责任。妥善审理汽车买卖、住房消费、旅游服务、在线教育等消费纠纷案件，完善线上消费、服务消费等新型消费案件审理规则，服务保障消费升级和消费新模式新业态发展。规范涉外卖快递民事案件审理，准确界定从业者与平台经营者之间的用工关系，确定从业者权益保护和平台责任承担规则，推动平台经济健康有序发展。

7. 服务区域协调发展。健全为国家重大发展战略提供司法服务和保障机制，加强京津冀协同发展、长江经济带发展、粤港澳大湾区建设、长三角一体化发展、东北振兴、中部崛起、成渝经济圈、黄河流域生态保护和高质量发展等国家重大发展战略的司法保障。健全跨域司法联动协作机制，服务发达地区和欠发达地区、东中西部和东北地区共同发展。充分发挥最高人民法院巡回法庭协调指导作用，健全巡回区法院资源共享、联席会议、法官交流等工作机制，推动区域司法服务一体化发展。优化跨行政区域重大民事行政案件审判机制。

8. 服务乡村振兴战略。依法严惩生产、销售假冒伪劣农药、化肥、种子等违法犯罪行为，维护农业生产秩序。落实最严格的耕地保护制度，积极配合农村乱占耕地建房专项整治行动，加大违法占用耕地等案件审判执行力度。妥善处理涉及承包地宅基地“三权分置”、集体经营性建设用地入市等纠纷，保障农村产权制度改革。妥善处理涉及农村金融服务、投资融资权益、农业科技创新、产业融合发展等案件，服务农业供给侧结构性改革。精准对接脱贫地区司法需求，接续做好脱贫攻坚后续工作，服务巩固拓展脱贫攻坚成果同乡村振兴有效衔接。

9. 服务美丽中国建设。贯彻绿水青山就是金山银山理念，全面加强生态环境司法保护，助力打赢污染防治攻坚战。依法严惩污染环境、破坏生态等违法犯罪行为。强化生态保护修复，依法保障实施重大生态系统保护修复工程。探索司法服务保障以国家公园为主体自然保护地体系建设。出台长江保护法实施意见，保障长江 10 年禁渔。构建大江大河流域司法协作机制。出台环境保护禁止令、环境侵权法律适用司法解释，探索环境侵权惩罚性赔偿制度具体适用规则。完善环境公益诉讼审理机制，推动建立公益诉讼资金管理、使用、审计监督制度。妥善审理资源开发利用案件，服务保障自然资源资产产权制度改革。完善环境资源案件集中管辖制度，推进环境资源审判专门化建设。

10. 服务海洋强国建设。实施海事审判精品战略，准确定位各海事法院区位特点和优势，精准服务国家战略实施和特色海洋产业发展，维护我国海洋主权和海洋权益。加强海洋自然资源与生态环境损害赔偿纠纷案件审判工作，完善海洋环境保护公益诉讼案件审判机制。探索完善航运业务开放、国际船舶登记、沿海捎带、船舶融资租赁等新类型案件审理规则。开展海事法院管辖海事刑事案件试点。加快推进国际海事司法中心建设。

11. 服务更高水平对外开放。完善域外法查明规则，健全域外法律及案例资源库，准确查明适用国际条约、国际惯例和准据法。准确适用外商投资法律法规，全面实施外商投资准入前国民待遇加负面清单管理制度，依法保护外商投资企业合法权益。推进我国法域外适用法律体系建设，依法保护“走出去”企业和公民合法权益。加快推进涉外审判体系和审判能力建设，优化涉外民商事纠纷诉讼管辖机制。加强司法协助工作，完善涉外送达机制。加强自由贸易试验区、自由贸易港建设司法保障，服务建设对外开放新高地。

三、助力打造市场化法治化国际化营商环境

12. 优化营商环境司法保障机制。对照营商环境指标，探索建立符合我国国情、国际标准的司法服务保障营商环境指标体系。出台服务保障营商环境建设的司法解释和司法政策。配合有关职能部门，制定出台建设法治化营商环境实施规划，建立营商环境定期会商机制。依托司法大数据，建立法治化营商环境分析研判机制。加大营商环境司法保障工作宣传力度，提振经营者投资信心。

13. 加强产权司法保护。完善产权保护司法政策，出台产权保护司法解释。坚持“两个毫不动摇”，依法平等保护民营企业产权和企业家合法权益，保障民营企业依法平等使用资源要素、公开公平公正参与竞争、同等受到法律保护。依法惩治侵犯产权违法犯罪行为，坚持惩罚犯罪与追赃挽损并重，健全涉案财物追缴处置机制。严格区分经济纠纷、行政违法和刑事犯罪，坚决防止利用刑事手段干预经济纠纷。完善涉企产权案件申诉、重审等机制，推动涉企冤错案件依法甄别纠正常态化机制化。

强化善意文明执行理念，依法审慎采取强制执行措施，严格适用刑事强制措施，保障企业正常生产经营。推动建立产权保护协调工作机制。

14. 维护市场竞争秩序。贯彻合同自由、诚实信用原则，保护合法交易行为，畅通商品服务流通，降低全社会交易成本。严厉打击走私、逃税、强迫交易等扰乱市场秩序的违法犯罪行为。依法制裁横向协议、滥用市场支配地位等垄断行为，严厉打击商标恶意抢注、攀附仿冒、侵犯商业秘密等不正当竞争行为，出台反垄断、反不正当竞争司法解释。支持和保障土地、劳动力、技术等要素市场化改革，推动完善要素交易规则和服务体系。支持能源、铁路、电信、公用事业等行业竞争性环节市场化改革，依法维护有关合同效力，营造公平开放市场环境。

15. 服务防范化解金融风险。严厉打击非法集资、内幕交易、逃汇套汇等违法犯罪行为，依法惩治以金融创新为名的违规和逃废债行为。依法审理涉民营企业金融借款、融资租赁、民间借贷等案件，严格规制高利贷行为，促进解决小微企业融资难、融资贵问题。完善普惠金融、互联网金融、私募股权投资、资产证券化、跨境金融资产交易等新型纠纷审理规则。出台证券民事诉讼配套司法解释，健全证券纠纷代表人诉讼、示范判决和公益诉讼机制。

16. 健全国际商事争端解决机制。优化办案程序和工作机制，推进国际商事法庭实质化运行。健全国际商事专家委员会工作机制，完善履职程序规则，促进涉外司法质效提升。完善一站式国际商事纠纷解决信息化平台，实现调解、仲裁和诉讼有机衔接。加强重大涉外民商事案件审判指导，探索多语言发布涉外民商事指导性案例，扩大中国司法裁判国际影响力和公信力。

17. 加强涉港澳台审判与司法协助互助。建立与香港跨境破产协助机制，加强与港澳台海事海商、知识产权等领域司法合作，推进法律规则衔接与机制对接。支持香港建设亚太区国际法律及争议解决服务中心，联动打造粤港澳大湾区国际法律服务中心和国际商事争议解决中心，推动建立粤港澳大湾区司法研究机制。完善港澳台人士担任人民法院陪审员、特邀调解员制度，依法保障符合条件的港澳律师在粤港澳大湾区执业权利。完善与港澳台司法高层交流机制，推动建立粤港澳法官常态化审判专业研讨机制，支持大陆地方法院与台湾地区地方法院开展实务交流。

四、运用司法推进国家治理体系和治理能力现代化

18. 依法支持法治政府建设。加强行政审判工作，监督支持行政机关依法行政，服务纵深推进“放管服”改革。加强对行政机关“滥用职权”“明显不当”行为审查，规范行政裁量基准。加大行政程序合法性审查力度，推动完善重大行政决策、行政协议、行政裁决等行政程序。出台规范性文件附带审查司法解释，加大行政规范性文件合法性审查力度。修改完善办理政府信息公开案件司法解释，推动行政机关主动全面落实政务公开制度。推动将行政机关履行行政判决、负责人出庭应诉、司法建议落实、行政争议多元化解等情况纳入法治政府考核体系。

19. 完善执行难综合治理长效机制。深化党委领导、政法委协调、人大监督、政府支持、法院主办、部门联动、社会参与的执行难综合治理大格局，加强执行难综合治理、源头治理考评，推进执行联动机制常态化。完善立审执协调配合机制。推动将执行工作纳入基层网格化管理。探索建立怠于履行协助执行义务责任追究机制。探索建立律师调查被执行人财产等制度，推进落实委托审计调查、公证取证、悬赏举报等制度。建立防范和制止规避执行行为制度，依法惩戒拒执违法行为。推进强制执行立法，出台配套司法解释，健全执行规范制度体系。

20. 服务社会信用体系建设。畅通第三人参加诉讼、案外人异议渠道，完善关联案件检索机制，建立虚假诉讼当事人名单制度，健全犯罪线索移送机制，构建虚假诉讼预防、识别、惩治机制。探索建立律师费转付、诉讼费用合理分担机制，加大滥诉行为制裁力度。依法规制人为制造连接点、滥用管辖权异议等恶意拖延诉讼行为。严厉打击妨害作证、作伪证等妨害司法的违法犯罪行为。完善失信惩戒系统，细化信用惩戒

分级机制，探索建立守信激励和失信被执行人信用修复制度。加强与社会征信体系对接，推动公共信用信息资源共享、深度整合。

21. 推进社会矛盾综合治理。积极参与社会矛盾纠纷多元预防调处化解综合机制建设，推动制定多元化纠纷解决促进法。坚持和发展新时代“枫桥经验”，把非诉讼纠纷解决机制挺在前面，推动矛盾纠纷系统治理、综合治理、源头治理。发挥人民法院调解平台集成作用，完善司法调解与人民调解、行政调解联动体系，强化诉讼与非诉讼实质性对接，健全诉前调解自动履行激励机制。深化“分调裁审”机制改革，提升诉讼服务中心实质性解纷水平。

22. 健全一站式多元解纷和诉讼服务体系。突出一站、集约、集成、在线、融合五个关键，建设集约高效、多元解纷、便民利民、智慧精准、开放互动、交融共享的现代化诉讼服务体系。全面落实诉讼服务“一站、一网、一号”通办要求，优化诉讼服务大厅布局，升级立案、调解、庭审、保全、鉴定、送达等全流程在线诉讼服务平台，完善12368热线实质性办事功能。加大在线视频调解力度，建立健全劳动争议、交通事故、金融保险、证券期货、知识产权等专业化调解机制。推广执行事务中心建设，搭建一站式执行事务服务窗口。完善涉老诉讼服务举措，统筹推进线下诉讼服务制度和设施建设。

23. 促进和弘扬司法民主。落实人民陪审员选任新机制，争取2023年年底前人民陪审员数量达到36万，实现人民陪审员数量不低于法官数量3倍的目标。完善人民陪审员参审和管理保障机制，提高实质参审能力。细化人民陪审员参审案件范围，推动落实7人合议庭制度。健全联络监督工作机制，优化四级法院联络工作管理平台功能，完善建议提案办理工作机制，更好服务代表委员履职。健全特约监督员、特邀咨询员工作机制，推进科学民主决策。自觉接受监察机关对法院工作人员的监督，依法接受检察机关诉讼监督，广泛接受社会监督和舆论监督。

24. 积极参与全球治理。搭建并用好双多边司法交流合作平台，更好服务外交工作大局。筹办世界环境司法大会等大型多边司法交流活动，推动共建“一带一路”高质量发展。加强与有关国际组织、国家和地区司法领域合作，加大对贩卖毒品、走私、洗钱、贩卖人口等跨境犯罪的打击力度，扎实开展境外追逃追赃专项行动，推进引渡、遣返犯罪嫌疑人等司法协助领域国际合作。加强国内法律与国际规则衔接，积极参与国际贸易、知识产权、环境保护、网络空间等领域国际规则制定。

五、努力满足人民群众日益增长的多元司法需求

25. 切实贯彻民法典。在审判执行中切实贯彻实施民法典，准确把握民法典基本原则、重要理念和核心要义，加强财产权、人格权等重点领域民事审判和监督指导工作，全面提升民事权利司法保护水平。加强和规范民事司法解释制定实施工作，加快形成民法典配套司法解释体系。准确把握民法典溯及力问题，做好法律衔接适用工作。把民法典及其配套司法解释列为各级法官培训机构重要培训内容，逐步开展民商事审判条线全员培训。常态化抓好民法典理论研究和普法宣传工作。健全民法典贯彻实施保障机制。出台民事案件审判质量评估考核办法。

26. 服务更高水平的平安中国建设。贯彻总体国家安全观，严厉打击渗透颠覆破坏、暴力恐怖、宗教极端犯罪，坚决捍卫国家政权安全、制度安全、意识形态安全。推进扫黑除恶斗争常态化，依法严惩杀人、抢劫、绑架等严重破坏社会治安犯罪，严厉打击暴力伤害医务人员等群众反映强烈的犯罪，依法惩治电信网络诈骗、网络传销、网络套路贷等新型网络犯罪，增强人民群众安全感。认真贯彻实施刑法修正案（十一），出台相关司法解释，准确适用低龄未成年人犯罪、高空抛物犯罪等有关规定。

27. 加强人权司法保障。严格遵循罪刑法定、罪刑相适应原则，坚持证据裁判、疑罪从无，确保无罪的人不受刑事追究、有罪的人受到公正惩罚。坚持居中裁判，平等对待控辩双方，依法保护被告人、被害人和辩护律师、诉讼代理人权利。全面推进刑事案件律师辩护全覆盖。加强减刑、假释案件实质化审理，出台办理暂予监外执行案件司法解释。加

强国家赔偿审判工作，探索推进中级人民法院委赔案件集中管辖改革，完善国家赔偿法律适用规范体系。加强司法救助规范化建设，推动完善司法救助制度体系，健全司法救助资金保障、使用机制，精准救助因案致贫、因案返贫当事人。

28. 强化民生司法保障。依法妥善处理教育、就业、医疗、社会保障等民生案件，严惩恶意欠薪、危害食品药品安全、危害安全生产等民生领域违法犯罪行为。修改完善行政赔偿案件司法解释，出台集体土地征收、国有土地上房屋征收与补偿行政案件司法解释。从严惩处涉疫违法犯罪行为，依法妥善处理涉疫民事、行政案件，服务统筹推进疫情防控与经济社会发展。加强涉军维权案件审判，依法维护国防利益和军人军属合法权益。探索开辟民生案件绿色通道，对涉及老人、残疾人和基本民生的案件实行快立、快审、快结、快执。推动将被执行人丧失履行能力的涉民生案件纳入社会保障体系。

29. 完善家事审判制度。妥善处理婚姻家庭纠纷，依法惩处干预婚姻自由、虐待遗弃家庭成员等行为，推进和谐家庭和优良家风建设。加快完善人身安全保护令制度，健全防范家庭暴力、保护人身安全的制度机制。完善家事调解、家事调查、心理干预、判后回访帮扶等制度，推进家事审判专业化、审判方式柔性化。

30. 加大未成年人保护力度。贯彻落实新修订的未成年人保护法、预防未成年人犯罪法，健全未成年人权益保护和预防未成年人犯罪工作机制。依法惩治侵害未成年人违法犯罪行为，严惩针对未成年人的杀人、拐卖、强奸等挑战法律和社会伦理底线的重大犯罪行为。出台办理强奸、猥亵未成年人刑事案件司法解释。坚持未成年人审判专业化方向，推动各地人民法庭通过改造或加挂牌子方式设立少年法庭。建立符合未成年人审判特点的司法统计指标和绩效考核体系。加大未成年人法治宣传教育力度。加强与相关职能部门、社会组织配合协作，形成全社会保护未成年人合力。

31. 畅通纠纷解决渠道。严格落实立案登记制，完善有案不立、有诉不理投诉、监督、惩处机制。加快推进跨域立案诉讼服务改革，2022年年底前实现诉讼服务就近能办、同城通办、异地可办。健全涉诉信访源头预防和风险防控机制，推动涉诉信访问题联治、工作联动、平安联创。完善信、访、网、电、视频五位一体受理工作格局，建立全国法院统一申诉平台。落实律师代理申诉和第三方参与涉诉信访化解制度，推动涉诉信访实质性化解。推进涉诉信访编号管理，建立涉诉信访电子档案库，提升涉诉信访智能化管理水平。

六、建设公正高效权威的中国特色社会主义司法制度

32. 完善人民法院机构职能体系。推进四级法院审级职能定位改革，优化民商事、行政案件级别管辖标准，完善再审申请程序和立案标准，健全案件移送管辖和提级审理机制，推动将具有普遍法律适用指导意义、关乎社会公共利益的案件交由较高层级法院审理。深化与行政区划适当分离的司法管辖制度改革。加快推进人民法院内设机构改革，建立职能明确、运行高效的内设机构体系。完善最高人民法院巡回法庭工作机制。健全专门人民法院组织体系，优化知识产权法院、金融法院布局，规范专门审判法庭设置。加强专业化办案团队和合议庭建设。

33. 深化刑事诉讼制度改革。深入推进以审判为中心的刑事诉讼制度改革，构建诉讼以审判为中心、审判以庭审为中心、庭审以证据为中心的刑事诉讼新格局。严格执行庭前会议、非法证据排除、法庭调查三项规程，推进庭审实质化。落实证人、鉴定人、侦查人员出庭作证制度，完善技术侦查证据法庭调查和使用规则。完善认罪认罚从宽制度。深入推进量刑规范化改革，探索建立量刑智能辅助系统和量刑数据库。健全刑事案件分流处理机制。完善被告人逃匿违法所得没收和缺席审判制度，出台适用缺席审判程序司法解释。

34. 深化民事诉讼制度改革。深入推进民事诉讼程序繁简分流改革试点，优化司法确认程序，完善小额诉讼和简易程序规则，有序扩大独任制适用范围，构建分层递进、繁简结合、供需适配的多层次民事诉讼程

序体系。提出修改民事诉讼法建议，巩固扩大试点改革成果。完善诉讼收费制度，推动修改诉讼费用交纳办法，发挥诉讼收费制度保障诉权、引导程序、调节案件、抑制滥诉的多重功能。

35. 深化行政诉讼制度改革。推进行政案件级别管辖改革，统筹把握案件管辖下放与上提的关系，逐步实现部分以县级以上地方人民政府为被告的一审行政案件下沉至基层人民法院管辖。探索实施事实审和法律审适当分离制度，最高人民法院主要负责申请再审行政案件的法律审。完善行政争议实质性化解机制。深化繁简分流改革，探索扩大简易程序适用范围，简化行政裁判文书。优化行政复议案件审理规则，完善行政复议与行政诉讼衔接机制。修改行政诉讼证据司法解释。支持行政审判中心建设，推进行政审判专业化。

36. 深化执行体制机制改革。优化执行权配置，深化执行实施权与裁决权分离改革。深化执行管理体制改革，健全统一管理、统一指挥、统一协调的执行工作机制。全面推行执行团队办案模式，优化团队之间、团队内部职权划分。健全繁简分流、事务集约的执行权运行机制，优化简易执行案件程序。完善无财产可供执行案件监管、恢复和退出机制。健全异地执行协作和协同执行机制。完善刑事、行政案件执行机制，推动建立统一刑罚执行体制，健全执行与减刑、假释衔接机制。健全“一案一账号”机制，加强执行款物管理。完善执行程序中案外人和利害关系人权利救济制度。

37. 深化司法责任制改革。推进司法制约监督体系建设，全面推行审判权力责任清单和履职指引制度，完善“四类案件”识别监管机制。健全重大、疑难、复杂案件由院庭长直接审理机制。完善对担任领导职务的法官办案情况考核监督机制。加强司法解释管理，完善指导性案例制度，落实高级人民法院审判指导文件和参考性案例备案机制，健全专业法官会议制度，推行类案和新类型案件强制检索制度，构建多层次、立体化法律适用分歧解决机制。推进审判工作标准化建设。全面落实法官惩戒制度，细化法官和审判辅助人员违法办案责任具体情形，构建科学合理的司法责任认定和追究制度。

38. 深化人员分类管理改革。健全和落实法官逐级遴选制度，规范遴选标准和程序。探索完善初任法官养成机制，建立法官助理分层培养机制，进一步优化从法官助理中产生法官机制。完善从符合条件的律师、法学专家中招录法官制度。加强员额、编制动态管理。完善法官单独职务序列管理制度，健全法官业绩考评机制，全面落实与法官单独职务序列配套的医疗、差旅、交通补贴、住房和退休待遇。健全审判辅助人员和司法行政人员招录、培养、管理、保障机制。畅通各类人员交流渠道，拓宽职业发展空间。

七、加强智慧法院和互联网司法建设

39. 加强智慧法院基础设施建设。持续推进人民法院信息化建设，2022 年年底基本建成人民法院信息化 4.0 版总体框架，2025 年年底得到全面完善和普及推广。加强以云计算为支撑的全要素一体化信息基础设施建设，提升信息基础设施配置水平。优化整合各类办公办案平台，打通“信息孤岛”。推动建立跨部门大数据办案平台，实现办案系统互联互通、数据自动推送、资源共享共用。完善人民法院信息化标准体系。建立人民法院关键信息基础设施安全保护制度，同步规划、同步建设、同步使用分层级的安全防护体系。

40. 推动科技创新手段深度运用。全面推进大数据、云计算、区块链等信息技术在司法工作中的融合应用，构建以最高人民法院为总枢纽、以高级人民法院为分支的分布式智慧法院大脑体系架构。完善智能辅助办案系统，建设司法人工智能综合引擎，加快推进全国法院统一云服务建设，推进司法链平台综合应用。充分运用 5G、物联网、人工智能等新技术，推进重要业务场所标准化、智慧化转型升级。

41. 完善在线诉讼模式。深化完善“互联网+诉讼”模式，逐步形成线上线下并行诉讼模式，提升电子诉讼覆盖范围、适用比例和应用水平，打造世界领先的移动诉讼服务体系。加强远程视频庭审、提讯和数字化出庭等软件和基础设施建设，全面提升语音识别技术在庭审语音同步转录中的应用效能。出台在线诉讼司法解释，构建系统完备的在线诉讼规则体系，推动完善与互联网时代相适应的诉讼制度。加强互联网法院建设，调整案件管辖范围，推动互联网法院重点审理具有确立互联网领域裁判规则意义的案件。

42. 完善司法大数据管理应用机制。加强司法数据中台建设，构建多源多态数据融合体系和数据分级融合机制。丰富扩展司法数据资源，深入开展司法大数据研究，不断提升数据汇聚、分析、应用水平。完善司法大数据共享应用机制和数据共享交换体系，提高数据智能推荐分发能力。依托司法大数据，探索构建社会治理司法指数，深刻揭示审判执行活动与经济社会发展的内在关联，为科学决策提供参考。

43. 完善司法公开工作机制。贯彻主动、依法、全面、及时、实质公开原则，深入推进司法公开规范化、标准化、信息化建设。健全完善司法公开制度体系，出台相关业务指引、技术标准和操作规程。深化审判流程信息公开，推广中国审判流程信息公开网电子送达功能。推进庭审互联网公开，健全庭审公开流程和保障机制。完善裁判文书公开制度，该公开的依法公开，提高网上公开质量。加大司法公开四大平台整合力度，优化平台功能。

八、建设革命化正规化专业化职业化过硬法院队伍

44. 深入学习贯彻习近平法治思想。深入学习贯彻习近平新时代中国特色社会主义思想，真学真信笃行习近平法治思想，开展习近平法治思想全员轮训。各级法官培训机构所有培训班次均设置学习贯彻习近平法治思想课程，开设党的理论和党性教育课程。实施青年干警理论学习提升工程。深入开展习近平法治思想研究，组织编写全国法院学习习近平法治思想通用教材，开发政治理论培训系列精品课程，组建政治理论教学专兼职教师队伍。

45. 加强人民法院党的建设。把党的政治建设摆在首位，推进“两个

坚持”专题教育常态化。持续巩固深化“不忘初心、牢记使命”主题教育成果，扎实开展党史学习教育。优化党建工作条线指导机制，构建权责明晰、职能完善的法院党建工作格局。持续推进法院系统基层党组织全覆盖，加强基层党组织标准化规范化建设，完善党务干部常态化培训机制。坚持以党建为统领，建立健全党建与审判执行工作有机融合、协调发展的制度机制。优化全国法院党建工作数据信息管理平台，提高党建工作精细化管理水平。

46. 加强干部队伍建设。认真贯彻落实党政领导干部选拔任用工作条例，健全干部选育管用工作机制。配合党委组织部门，选优配强法院领导班子，优化年龄、专业、来源、经历结构。加大优秀年轻干部培养选拔使用力度。各级人民法院领导班子中，高级人民法院45岁左右、中级人民法院40岁左右、基层人民法院35岁左右的年轻干部应达到一定数量。到2025年，高级人民法院部门正职中40岁左右、中级基层人民法院部门正职中35岁左右的年轻干部比例力争达到15%。加强女干部、少数民族干部、党外干部选拔配备。持之以恒加强干部从严管理监督。用心用情做好老干部工作。

47. 加强司法能力建设。健全法官培训机制，建立法院领导班子成员定期轮训机制，分类开展审判辅助人员、司法行政人员职业素能培训，加大双语法官培训力度。加强法官培训机构建设。广泛推行线上线下相结合的培训模式，建立适应网络培训特点的组训模式和管理机制。实施审判业务专家梯次培养工程，打造以全国审判业务专家为龙头、省级专家型法官为主体、其他专业人才为补充的高层次人才队伍。加大知识产权、涉外法治、环境资源等领域高层次法律实务人才培训培养力度。探索人民法院与法学院校联合培养法治人才新路径。

48. 加强法院文化建设。贯彻落实建设社会主义法治文化要求，提高人民法院文化建设质量水平。全面落实宪法宣誓制度。建立司法良知和职业伦理、职业操守常态化教育机制，健全法官职业道德评价机制。大力培树表彰宣传人民法院先进典型，开展向邹碧华、李庆军、胡国运、周春梅、魏晶晶等先进典型学习活动。推进文艺创作繁荣发展，推出具有影响力的法院题材文艺作品。开展法院文化建设特色项目和优秀文艺作品评选。加强法官文学艺术团体建设。以中国法院博物馆、最高人民法院图书馆建设为牵引，推动全国法院文博场馆协同发展。鼓励各地法院合理利用司法机关旧址、法律名人故居建设革命传统、法治文化教育基地。

49. 加强党风廉政建设。根据党中央部署，扎实开展队伍教育整顿。坚持从严治党、从严治院，按照“五个过硬”要求，建设让党放心、人民满意、忠诚干净担当的人民法院队伍。严格落实防止干预司法“三个规定”、任职回避、领导干部配偶、子女及其配偶经商办企业禁业规定等铁规禁令，严格规范法官与当事人、律师、特殊关系人、中介组织接触、交往行为，健全领导干部插手干预重大事项记录报告制度。加强关键岗位定期轮岗交流。巩固拓展落实中央八项规定精神成果，持之以恒纠“四风”树新风。健全人民法院党风廉政建设机制，完善内部巡视、司法巡查、审务督察制度，整合监督力量。坚持系统施治、标本兼治，坚持不敢腐、不能腐、不想腐一体推进，严厉惩治司法腐败，坚决清除队伍中的害群之马。

50. 加强干警职业保障。完善法官权益保障委员会工作机制。健全司法人员依法履职免责、履行职务受侵害保障救济、不实举报澄清等制度，完善对暴力伤害司法人员行为的刑事责任追究制度，出台保障干警人身安全司法解释，依法严厉打击威胁、报复陷害、侮辱诽谤、暴力伤害司法人员及其近亲属行为。完善健康体检、医疗保障、心理服务、休假疗养、谈心走访等制度，提高干警身心健康水平。

九、做好综合管理和服务保障工作

51. 加强司法政务工作。全面推进司法政务工作科学化、规范化、信息化建设，打造强而有力、严谨规范、真抓实干、开拓创新、科技赋能的办公室，强化参谋助手、综合协调、督查保障职责，锻造高素质、专业化、复合型的过硬办公室干部队伍，加快构建服务和融入法院工作高质量发展的现代化司法政务体系。加强会议组织、公文处理、信息简报编发、机要收发等司法政务工作标准化建设。落实保密工作责任制，强化定密、涉密人员、网络保密管理，完成保密工作软硬件设施国产化替代工作，建立人民法院保密工作基础信息服务管理平台，推进全国法院四级密码传真通信综合保障体系建设。建立传统载体档案、数字化副本、电子档案三位一体档案管理新模式，加强基础设施规范化、智能化建设，建设人民法院数字档案馆，建设统一的档案查阅服务平台，推进档案资源深度应用。

52. 加强行政装备保障。完善人民法院预算编制体系，加强预算绩效管理，实现收支脱钩、全额保障。建立人民法院预算执行标准化体系，推动建立办案业务经费成本核算体系、业务装备经费支出规划体系，健全经费保障基础数据库。统筹推进传统和新型基础设施融合发展，打造系统完备、高效实用、智能绿色、安全可靠的现代化人民法院基础设施体系。出台加强司法技术工作的指导意见。

53. 加强基层基础建设。坚持重心下移、力量下沉，狠抓基层人民法院建设，提升基层司法水平。修订人民法院法庭建设标准，优化人民法庭区域布局，提高人财物保障水平，探索符合人民法庭工作特点的审判团队组建和运行模式，充分发挥人民法庭在化解矛盾纠纷、服务人民群众、促进乡村振兴和基层社会治理方面的重要作用。做好人民法院援疆、援藏、援青工作，健全支持革命老区、民族地区、边疆地区、贫困地区法院建设常态化机制。

54. 推动部分事务集约化社会化管理。配合内设机构改革，在人民法院内部推行文书送达、财产保全、执行查控、网络公告等事务集约化管理。充分利用市场化、社会化资源，探索推行网拍辅助、文书上网、案款发放等审判辅助事务和部分行政综合事务外包。健全完善人民法院购买社会化服务工作机制，确保公开竞标、质量评估、运营监督、保密协议、业务培训等各类行为合法合规、外包机制公平公开。

55. 加强司法研究工作。完善调查研究制度，建立先调研后决策工作机制，构建人民法院大调研工作格局。加强司法研究重大课题和各条线重点课题管理，加大重点难点问题调研攻坚力度。改进司法统计调查职能，构建符合新时代要求的统计工作机制，提升统计工作智能化水平，加大司法实证研究力度。加强专门研究机构和实证研究平台建设，统合各类研究资源，配齐配强专业化调研力量，打造法治建设国家高端智库。

56. 加强司法宣传工作。完善推动社会主义核心价值观深度融入审判执行工作机制，充分发挥司法解释、司法政策、裁判规则价值引领功能。完善新闻发布工作机制，各级人民法院应当确立1至2名新闻发言人，中级以上人民法院坚持推进新闻发布例会制度。充分发挥人民法院主流媒体主阵地作用，加强新媒体账号建设，推动人民法院新媒体与网络新平台深度合作。认真落实“八五”普法规划，严格履行“谁执法谁普法”普法责任制，完善以案释法工作机制，依托国家宪法日、宪法宣传周加强宪法宣传教育，广泛开展送法上门、公众开放日等普法活动。做好司法报刊、书籍发行出版工作。

57. 增强督查督办效能。把抓落实摆在更加突出位置，健全完善人民法院贯彻党中央重大决策部署专项工作机制，切实加强督促检查，确保党中央重大决策部署不折不扣落实到位。严格落实党中央关于规范督查检查考核工作的要求，加强对督查工作的统筹谋划，创新联合督查、交叉督查、实地督查等工作方式，不断提高督查工作实效。加强督查结果运用，把抓落实成效作为干部选任、业绩考评、执纪问责的重要考量因素，树立重在落实的鲜明导向。

十、加强组织保障

58. 加强组织领导和统筹协调。各级人民法院要主动向同级党委、党委政法委请示报告，自觉接受人大监督，积极争取政府等有关部门支持，及时研究解决工作推进中的新情况新问题。建立健全上下级法院、各地法院沟通联络机制，形成上下贯通、区域联动工作格局。抓牢执法办案工作，统筹抓好司法体制改革、信息化建设、队伍建设、基层基础等各项工作，着力固根基、扬优势、补短板、强弱项，充分调动各方面工作积极性，确保形成整体合力、工作同步推进。

59. 加强督促指导和责任落实。最高人民法院建立条线指导、督办落实工作机制，加强任务分解，明确分工、压实责任，有重点、有步骤地推动各项任务措施落到实处。各高级人民法院要全面准确贯彻落实本纲要精神和要求，结合实际制定具体实施方案，发挥好指导协调、组织实施作用，抓好辖区法院的贯彻落实。中级和基层人民法院要结合本地实际，提出具体工作举措，狠抓落实、务求实效。

60. 加强工作总结和舆论引导。各地法院要认真总结工作推进中的好经验好做法，做好成果固化、转化、制度化和宣传工作。主动适应互联网时代传播规律，推动媒体融合发展，创新宣传方式，深入宣传“十四五”时期人民法院改革发展经验成效，讲好新时代法治故事，为人民法院工作营造良好舆论氛围。

最高人民法院

关于作出国家赔偿决定时适用 2020 年度全国职工日平均工资标准的通知

2021 年 5 月 20 日　　法〔2021〕129 号

各省、自治区、直辖市高级人民法院，解放军军事法院，新疆维吾尔自治区高级人民法院生产建设兵团分院：

根据国家统计局 2021 年 5 月 19 日发布的 2020 年全国城镇非私营单位就业人员年平均工资数额，2020 年全国城镇非私营单位就业人员年平均工资为 97379 元。按照人力资源社会保障部提供的日平均工资的计算公式，日平均工资标准为 97379（元）÷12（月）÷21.75（月计薪天数）= 373.10 元。据此，根据《中华人民共和国国家赔偿法》第 33 条和《最高人民法院、最高人民检察院关于办理刑事赔偿案件适用法律若干问题的解释》第 21 条第 2 款的规定，各级人民法院自 2021 年 5 月 20 日起，作出国家赔偿决定时，对侵犯公民人身自由的，每日赔偿金应为 373.10 元。

特此通知，请遵照执行。

——征稿启事——

《执行工作指导》是最高人民法院执行局编发的业务指导刊物，主要刊登最新执行政策与精神、执行裁判规则、执行典型案例、执行理论研究成果，旨在促进全国法院执行干警准确掌握法律精神、助推执行工作、繁荣执行理论。

本书所设主要栏目及其情况如下：

【最高人民法院执行局法官会议纪要】选择最高人民法院执行局法官会议讨论过的具有典型性和指导意义的案件进行刊登。本栏目编辑为邵夏虹、王晓萌。

【最高人民法院执行裁判规则疏议】对最高人民法院裁判文书确定的规则进行梳理和解读。本栏目编辑为王赫。

【最高人民法院案例与解析】刊登最高人民法院具有指导价值的案例。本栏目编辑为尹晓春。

【地方法院案例与解析】刊登地方法院具有典型性和推广价值的案例。本栏目编辑为刘丽芳、王齐亮。

【理论与争鸣】刊登强制执行领域优秀学术论文、理论研究成果，介绍域外制度。本栏目编辑为王赫、李哲。

【调研与实证】刊登强制执行领域优秀调研报告、实证研究成果、经验总结和改革创新动态。本栏目编辑为苏萌、盛强、史小峰。

【执行管理专题】刊登执行指挥中心实体化运行、执行管理方面的动态、成果及前沿问题探讨。本栏目编辑为佘洋、燕东申。

【执行信息化专题】刊登执行信息化方面的动态、成果及前沿问题探讨。本栏目编辑为王丽娟。

【民事强制执行法专题】刊登民事强制执行法起草过程中的理论研究成果及前沿问题探讨。本栏目编辑为薛圣海。

【执行信箱】刊登各地法院执行工作中遇到的代表性问题及最高人民法院执行局答复意见。本栏目编辑为叶欣。

【最新法律文件】刊登执行领域最新法律、司法解释、规范性文件等。本栏目编辑为薛圣海。

本书诚邀全国各级法院同仁和专家学者撰稿。来稿要求如下：

1. 具有较强的典型性、创新性和指导价值。

2. 具有原创性，因稿件引起的任何版权纠纷由投稿人负责。

3. 撰写格式请参照本书相关部分的内容，注释援用《中国法学》体例。

4. 执行信箱栏目来信请以电子邮件形式发送至 zhixingxinxiang@163. com，邮件标题处请标明来信人单位和姓名。其中，来信咨询执行工作中的法律适用问题，应当提出普遍性、非个案的法律适用问题，并提供相应背景材料。对个案办理的咨询恕不回复。

5. 其他栏目来稿，请以电子邮件形式发送至 zhixingcankao@sina. com。邮件标题处请标明稿件所属的投稿栏目和作者单位、姓名。格式为："执行信息化专题-××省高级人民法院李××"。在稿件正文后，请详细提供如下信息：标题、作者姓名、单位全称、通信地址、邮政编码、联系电话、电子邮箱地址及身份证号码，以便于联系和邮寄稿费。

6. 本书所采稿件，按照规定支付相应稿酬。因缺少支付稿酬所需账号等原因尚未收到稿酬的，请与本书编务组联系。

《执行工作指导》编委会